让改变发生

学校改进视角下的办学思考与实践叙事

邬晓玲 著

华东师范大学出版社
·上海·

图书在版编目(CIP)数据

让改变发生:学校改进视角下的办学思考与实践叙事/邬晓玲著. —上海:华东师范大学出版社,2024
ISBN 978-7-5760-4647-2

Ⅰ.①让… Ⅱ.①邬… Ⅲ.①校长—学校管理—研究 Ⅳ.①G471.2

中国国家版本馆 CIP 数据核字(2024)第 019131 号

让改变发生——学校改进视角下的办学思考与实践叙事

著　　者　邬晓玲
策划编辑　彭呈军
责任编辑　朱小钗
特约审读　朱丽君
责任校对　王丽平　时东明
装帧设计　刘怡霖

出版发行　华东师范大学出版社
社　　址　上海市中山北路 3663 号　邮编 200062
网　　址　www.ecnupress.com.cn
电　　话　021-60821666　行政传真 021-62572105
客服电话　021-62865537　门市(邮购)电话 021-62869887
地　　址　上海市中山北路 3663 号华东师范大学校内先锋路口
网　　店　http://hdsdcbs.tmall.com

印 刷 者　上海锦佳印刷有限公司
开　　本　787 毫米×1092 毫米　1/16
印　　张　13.25
字　　数　208 千字
版　　次　2024 年 3 月第 1 版
印　　次　2024 年 3 月第 1 次
书　　号　ISBN 978-7-5760-4647-2
定　　价　46.00 元

出版人　王　焰

(如发现本版图书有印订质量问题,请寄回本社客服中心调换或电话 021-62865537 联系)

目 录

自序 相信改变的力量 / 1
    一、回忆改变的时光 / 1
    二、谱写改变的故事 / 2
    三、绘就改变的色彩 / 3

前言 学校改进的理性思考 / 1
    一、学校改进的内涵特征 / 1
    二、学校改进的历史溯源 / 3
    三、学校改进的现实境况 / 6
    四、学校改进的影响因素 / 7
    五、学校改进的实践路径 / 8

第一章 校长的改变——达人中成己 / 1

第一节 入情——浸润心灵深处,是真诚,更是应变 / 3
    一、真实地面对 / 3
    二、真情地对待 / 10
    三、真心地帮助 / 15
    四、真诚地处理 / 21

第二节 入理——规划学校发展，是点燃，更是渐变 / 25
　　一、学校发展规划的认知 / 26
　　二、学校发展规划的实践 / 29

第三节 入境——加强文化建设，是赋予，更是质变 / 35
　　一、培育文化：由外而内是渗透的力量 / 36
　　二、认同文化：由内而外是浸润的力量 / 43
　　三、创造文化：内外平衡是生长的力量 / 45

第四节 入微——发扬细节力量，是凝聚，更是量变 / 50
　　一、常态化地做好一件小事 / 51
　　二、持续性地做好一件小事 / 53
　　三、创造性地做好一件小事 / 54

第五节 入我——提升内涵修养，是修炼，更是蝶变 / 56
　　一、以学习促成长 / 58
　　二、以行动促成长 / 60
　　三、以反思促成长 / 62
　　四、以初心促成长 / 64

第二章　教师的改变——共事中成人 / 67

第一节 决胜中层——巧用势能，促进学校工作转型 / 69
　　一、锤炼中层领导力，树立全局性视野 / 70

二、提升中层思维力，创造积极性变化 / 74
　　三、激发中层共情力，解决复杂性问题 / 77

第二节　点燃教师——承接愿景，实现学校工作升维 / 79
　　一、形塑共同愿景 / 81
　　二、关注教师差异 / 86

第三节　重构组织——优化学校工作氛围 / 96
　　一、看见的状态——滋养教师 / 97
　　二、听见的力量——信任教师 / 101
　　三、承诺的可贵——激活教师 / 104

第三章　学生的改变——行动中成长 / 107

第一节　课堂变革——探索以学为中心的课堂 / 109
　　一、思考课堂，强调多元主体对话 / 110
　　二、品读课堂，凸显教师教学特色 / 112
　　三、研究课堂，提升课堂教学品质 / 116

第二节　活动体验——走进学生内心世界 / 125
　　一、活动课程系列化，提升仪式感 / 127
　　二、活动参与全员化，提升参与感 / 142
　　三、活动课程主体化，获得成就感 / 149

第三节 项目实践——变革学生学习方式 / 154
　　一、学校项目化学习的发展历程 / 155
　　二、活动项目化学习实践案例 / 159

第四章　家校的改变——合作中成事 / 169

第一节 倾听·连接·协商——以合作引领家校观念转变 / 171
　　一、倾听——合作的前提 / 172
　　二、连接——合作的中介 / 175
　　三、协商——合作的方式 / 178

第二节 陪伴·理解·支持——以合作带动亲子互动优化 / 181
　　一、陪伴——创造互动的空间 / 182
　　二、理解——建立互动的前提 / 184
　　三、支持——提高互动的质量 / 186

后记 / 191

自序　相信改变的力量

2021年，我获评为上海市特级校长，不仅要担任浦东新区上南实验小学的书记、校长，同时要去农村学校支教三年，兼任浦东新区新场实验小学的校长。大家听说我要去农村学校任职，都和我说了相似的话："你作为特级校长去支持农村学校，大家对你此行的期望很大，希望未来的三年里，你能够改变学校。"这句话引发了我的思考——一个校长在三年里，到底能够改变学校什么？

一、回忆改变的时光

我回忆了自己的教育管理历程，在回忆中思考过去到底给学校带来了哪些改变？

1994年，我作为上海市优秀毕业生，没有留在市区，而是坚定地回到家乡——川沙镇，选择了家门口开办仅两年的浦东新区园西小学。创立园西小学的老校长有着明确的办学思想和教育改革举措，几年时间就让学校成为浦东新区首屈一指的优质学校。尽管我在此担任了多年副校长，但当时对很多事并不能完全理解。直到自己当了校长，我才深刻感悟到，校长的管理能为学校带来多大的改变。

2006年，我32岁，来到一所农村小学——浦东新区孙桥镇中心小学担任校长。作为年轻的学校管理者，从懵懂到知晓，从抒顺到领悟，再到懂得引领，11年间，历经酸甜苦辣。学校从一所普通的农村小学成长为一所优质的农村小学的发展之路，正是我管理生涯中的关键成长之路。

2017年，我意外地横跨浦东来到黄浦江边的老城区——浦东新区上南实验小学担任校长。因为有了十多年的管理经验，对学校管理有了自己的思考，我在上南唱响了"阳光"歌，夯实了"阳光"路，坚定了"阳光"行，让这所老城区的学校焕发出全新的活力，打造出一所"阳光校园"，让阳光洒进了师生的心中。我的管理也在逐步走向成熟。

2021年，我作为特级校长参与流动，来到农村学校，兼任浦东新区新场实验小学的校长。这所农村小学很特别，由迥然不同的两个学校——一所百年老校和一所全新的学校合并为一所学校，发展机遇与挑战并存。一时间，我成为跨越三个街镇、两个学校、五个校区的校长，开启了不一样的管理旅程……

近30年的教育生涯，24年的学校管理经历，16年的校长岗位，从城镇的优质学校出发，到农村学校，再到市区老城区学校，又回到偏远农村学校，这让我的管理思路在不断轮回。这个轮回的过程是让人感到熟悉的，却又是崭新的。不同的地方有着相同的故事，而相同的故事却有着不一样的述说方式，同样的题目也有着不一样的解题方法。

二、谱写改变的故事

这一刻，有关管理的感触特别多。我突然想写下来……

这本书的名字——"让改变发生"，是我生活中很喜欢的一句话，是座右铭，是口头禅，更是工作中我与教师们双向交流时，使用频率很高的一句话。而这句话中的每一个字，对我来说都有着深远的意义。有人曾总结，做教育管理要知晓三个区别：一是要区别于书本；二是要区别于他人；三是要区别于过去的自己。这三个区别本质上其实就是一个"变"字。雪莉·桑德伯格说过："世界上好的选择有很多，但你要选定一个，然后忠于这个选择，让它成为最好的选择。"于是，我选择了"让改变发生"！

多年来，在所思所想、所做所进中，我有了一些深切感悟。

让，是一种态度——点燃热能！这个"让"，其实是"让我"与"让我们"的结合体，是一种思想与行动的当仁不让。在"让"字的引领下：学校规划发展，有了新格局；学校文化建设，有了新图景；内涵修养提升，有了新高度。

改，是一种锐度——实现可能！这个"改"，是改善与改进，是改建与改造。在"改"字的引领下：改"学习"的方式，还课堂以生命的本质；改"活动"的模式，还活动以生长的空间；改"教学"的形式，还活力以多元的展现。

变，是一种力度——优化功能！这个"变"，是变量与变化，是变速与变道。在"变"字的引领下：中层班子的变法，让管理的方法多一点；项目团队的变速，让实效的步伐快一点；分层教师的变强，让赋能的提升高一点。

发，是一种维度——提升效能！这个"发"，是发动与发扬，是研发与奋发。在"发"字的引领下：助力教师的专业成长，打造有效的课堂教学，促进评价体系的建立，助推教育科研的深入，让学校的管理渐入佳境。

生，是一种亮度——铸就创能！这个"生"，是生根与生成，是创生与优生。在"生"字的引领下：立足学校发展的"共生"，有了目标实现；立足课程改革的"互生"，有了力量聚变；立足增效提质的"伴生"，有了赋能实效；立足立德树人的"创生"，有了成长快乐。

三、绘就改变的色彩

无论是在哪一个学校，无论是在哪一个职业阶段，我和同事们多年来砥砺前行，用底气和志气，奋力打开了"让改变发生"这道门，看到了"一切皆有可能"的美妙图景。这就是：

一"让"天地宽，宽的是办学之路，视野开阔——我们一起描绘七彩；

一"改"气象新，新的是适性扬才，播种未来——我们一起展示精彩；

一"变"活力强，强的是发轫有功，足音铿锵——我们一起打造光彩；

一"发"过程美，美的是融通智慧，心有光亮——我们一起共同出彩；

一"生"教育进，进的是滋兰润蕙，旨在树人——我们一起各具风采。

"让改变发生"是我管理的精神动力，是我事业的追求目标，是我作为校长的价值体现，更是我教育理想实现进程中的一种圆梦。

校园里，"让改变发生"的种子，经历了春风吹拂、夏雨浇灌、秋阳照耀、冬寒磨砺，从萌芽到繁茂。在"让改变发生"的进程中，我与教师们收获了——面对艰难事情的跌宕起伏，会变得淡定；面对纷繁复杂的认知观点，会变得思辨；面对风云变幻的多元选择，会变得理性；面对教育教学的内涵发展，会变得深刻。

校园里，"改变"的种子终于结出了"一切皆有可能"的果实。我从内心深处感觉到：你要写改变，就不能只写改变，要写习惯使然，写思维碰撞，写理念浸润，写心灵认可。你要写发生，就不能只写发生，要写活力课堂，写远足研学，写家长认同，写团队力量。

因为有了改变，我们原谅过往的不顺，什么都不是什么，原来一切都会变好；

因为有了发生，我们找到成功的理由，什么都长成什么，原来一切都在成长。

"让改变发生"的教育实践，我尝试着，我追求着，我收获着……

邬晓玲

2024年1月

前言　学校改进的理性思考

社会处于日新月异、快速迭代的发展浪潮之中，教育系统作为社会系统的一个组成部分，需要紧跟时代发展脉搏。同时，为了促进社会持续健康发展，教育系统需要提供更为优质的学校教育。思考学校教育的发展是每一位校长的重要职责，正所谓一个好校长就是一所好学校，关键在于校长运用什么样的思维方式来应对教育变革。是积极的成长型思维，不断进行变革，寻求发展；还是消极的固定型思维，习惯因循守旧，寻求稳定。校长不同的思维方式会产生迥然有别的行动举措，这些举措不仅能体现出校长的专业发展水平高低，也能窥探出学校未来发展趋势。换言之，学校办学只有遵循教育教学规律，熟悉教育政策方向，紧跟教育发展趋势，贴近教育实际，开展教育研究，进行学校改进，甚至是学校变革，才有可能整体提升教育教学质量，推动学校朝着正确的方向前行，让改变成为学校的常态，让改变成为嘉惠众人的途径，落实立德树人根本任务，促进每个孩子全面且健康地发展。

为了实现学校变革目标，最为关键的是立足学校的实际情况，认真思考什么是学校当前最需要改变的，什么是学校有能力去改变的，以及哪些因素有助于改变的发生等系列问题。这与学校改进研究不谋而合，即关注如何使学校获得高效能，意味着从学校改进的视角来探索学校高质量办学的可行路径，有助于让学校发生改变，并且让学校进入良性循环的发展状态。

一、学校改进的内涵特征

学校在推动个体全面发展和社会健康发展方面发挥着举足轻重的作用，关注学校、研究学校和发展学校是题中之义。在不同的历史时期,涌现出一系列与学校有关的概念,如学校改革、学校变革、学校发展、学校效能、学校改进等,这些概念殊途同归,均旨在促进学校发展,达成教育目标,而学校改进则是在"如何做"的层面给予全新的思考,为促进学校发展提供了新理念、新思路、新方法。

学校改进作为一种卓有成效的教育变革方法,其内涵处于不断迭代与深化之中,尚未形成统一的共识。有研究者将学校改进视为"一种系统而持续的努力,旨在改变一所或多所学校内部的学习条件及其他相关的内部条件,从而更有效地实现教育目标"。[①] 具体而言,关于内部条件,即学校改进是一种系统且持久的变革,学校是变革的主体,校外及校内人员协同工作,通过变革学校的内部条件,如教与学、课程、教学资源、学校文化等方面的内容,最终增强学校应对变革的能量,提高学生学习成效,促进学生学习。[②] 关于教育目标,即学校改进是依据学校实际情况和校外环境变化进行的系统、持续的努力,目的是为了实现一定的教育目标,其中教育目标不仅指学生学业成就的提升,还包含学生综合素质的提高、教师专业发展和学校综合实力的增强。[③] 将学校改进作为一种教育变革策略,核心目的是提升学生的学习成就,促进学生的进步、成就和发展,同时能增强学校应对变革的能力,促进学校的发展。[④] 这一观点表明,我们要重视营造与学生学习和教师教学相关的条件和环境,从而实现学生的全面发展和教师的专业发展。

有研究者从多方权责主体的角度出发,指出学校改进是一项以改进教与学为核心的系统变革。该变革是由校长领导,在教师、家长等权责主体的共同参与下,以提升学生学业为目的而开展的一系列变革活动,包括改进课程与教学,促进教

[①] Van Velzen W., M. Miles, M. Ekholm, U. Hameyer, D. Robin. Making school improvement work [M]. Leuven, Belgium: ACCO, 1985:48.
[②] 梁歆,黄显华.学校改进:理论和实证研究[M].上海:华东师范大学出版社,2010:16.
[③] 康悦.一位校长眼中的学校改进[J].教学与管理,2014(10).
[④] 孙素英.学校改进视角的考察与思考[J].中国教育学刊,2007(12):25—30.

师专业发展,改进学校文化,深化家校有效合作等。① 具体而言,学校自身是学校改进的主体力量(其中校长是引领者,负责愿景规划,引领教学发展,塑造校园文化,整合有效教育资源;教师是实施者,其学科专业知识、教学能力和教学期望与学生的学业成就密切相关);教育行政部门是学校改进的重要干预力量;家长是学校改进的重要参与者,多方力量之间相互理解、支持、配合、合作,共同促进学生发展,提升学校办学质量。这一观点表明,我们要深刻认识到只有多方主体形成共同愿景,携手并进,精诚合作,才有可能实现学校改进的预期目标,把学校变成更好的学习场所,更有效地提高学生学习成就。

通过对已有研究成果的梳理和办学实践的总结,我们认为学校改进是动态的发展过程,需要系统且持久的努力;学校改进是多因素交互作用的,需要关注学校文化、教育者领导力、课程与教学、教育资源、学生参与、学习型组织等;学校改进是多主体参与的,需要教育行政部门、高校或研究领域专家、学校教育者(校长、中层领导及教师)、学生、家长等共同努力;学校改进有明确的目标,需要同等关注学生发展、教师发展和学校发展。

二、 学校改进的历史溯源

学校改进作为一个备受瞩目的实践和研究领域,始于20世纪70年代末80年代初,迄今已有40多年的历史。当经济合作与发展组织提出了"国际学校改进计划",以"学校改进"为主题的教育改革就逐渐成为热点话题,引发了世界各国的重视。

从国别角度来看,西方国家的学校改进经历了从关注改进计划(关注改进什么和如何不断改进)、重视改进效能(关注改进具体成效)和倡导全面改进(关注更

---

① 张垚.美国学校改进路径研究[D].上海:上海师范大学,2018.

加全面的学校改进策略的重要性)等三个阶段,我国的学校则在经历"学校革命"运动和"学校改革"思潮后,最终走上了"学校改进"的道路。① 进一步来说,在全面改进阶段,学校改进策略愈加关注多方主体力量的介入,愈加关注影响学生学习的多种因素,愈加关注影响学校改进成功的多种要素,如学校组织文化、学校组织制度架构、校长领导理念与教师专业发展、教学内容与教学方式等,从而全方位地进行研究与实践。

从学校改进的发展历程来看,有研究者基于欧美学校改进的实践及其经验,把学校改进历程大体分为三个阶段,即20世纪60年代关注改进教学方法、加强教师培训、改变课程设计、增加教育资源投入等微观层面或某些侧面;七八十年代聚焦于组织变革、学校自我评估和组织效能;90年代至今注重校长在学校改进中的领导力,强化学校内部组织系统的变革,致力于学校作为改进主体的自主持续能力的提升成为主流。② 还有研究者提出在20世纪70年代末80年代初,行动多是松散的,缺乏系统性和连贯性,也没有关注学校自我评估及学校和教师对变革的拥有感等;20世纪80年代中后期到90年代中期,学校效能研究推进大中小学通过合作来改善学校教育的质量,但过多关注学生短期的学习成效,忽视了培养学生个性发展的长期教育目标;20世纪90年代中后期至今,追求学校的内涵式发展,强调整体推进学校的变革。③

从学校改进研究历程和发展历程相结合的角度来看,有研究者根据国外学校改进的研究历程,结合霍普金森对学校改进研究的分段观,将国外学校改进研究分成四个阶段。第一阶段:关注改进计划(20世纪70年代—80年代初)。这个阶段的研究是对学校改进进行原始的认识和探讨,主要关注学校要"改进什么"以及

---

① 李保强,刘永福.学校改进的历史回溯及其多维发展走向[J].教育科学研究,2010(2):28—32.
② David Hopkins, David Reynolds. The Past, Present and Future of School Improvement: Towards the Third Age. *British Educational Research Journal* [J]. 2001,27(4).
③ HOPKINS D. The International School Improvement Project (ISIP) and Effective Schooling: Towards a Synthesic [J]. *School Organization*, 1990,10(3):129 - 194.

"如何不断改进"。第二阶段:重视改进效能(20世纪80年代—90年代中期)。在这一阶段,学校效能研究推动学校改进形成了诸多方案,如校本管理变革和"标准化教育"改革运动、策略管理和高效能学校运动等。第三阶段:倡导全面改进(20世纪90年代中后期—2000年)。20世纪90年代中后期开始,关注点是学校全面而持续的改进问题。90年代开始,美国学校改进以提升学生学业成就为核心关注点,开展全面学校改进,系统关注学校改进的不同层面和要素,研究"学校全面改进策略"。第四阶段:类型化的整体关照阶段(2000年至今)。2000年开始,关于国际学校改进的研究进入整体批判性思考阶段,开展诸如成功学校改进的经验分析、薄弱学校改进的集中研究,并对学校改进的外部政策和干预有专门探讨。[①]

从学校改进内部自身衍变的角度来看,学校改进不是一个一帆风顺的过程,要经过诊断期、磨合期、下沉期、停滞期和发展期五个阶段。诊断期是学校改进的初级阶段,即发现问题,分析不利于学校发展的相关因素。磨合期是学校文化传统与变革力之间的初次适应过程,从而逐步形成齿轮动力效应,以推动学校前进的步伐。下沉期意味着学校在改进过程中遇到的文化阻力超越了共同体愿景行动的动力。在这个阶段,传统文化的阻力和改进动力之间需要达到一种理解性平衡,避免因遇阻力而放弃学校改进的实践机会。停滞期需要突破学校的文化传统,促使学校获得长足的发展。发展期突出表现为学校变革知识的实践化,即要将前几个阶段获得的学校改进经验理论化,并逐步将其应用到实践中,以提升学校改进的绩效。[②]

由此可见,学校改进在各个国家或区域都获得了关注,并开展了实践。尽管关于年代的研究没有统一定论,但我们可以清晰地看到关于学校改进的研究与实践是明显有一段发展历程的,或是契合了学校改进的内在规律,或是受限于当时的认识与实践,推动着学校改进朝更加系统、更加科学、更加专业的方向快速发

---

① 彭资灏.学校高效改进研究[D].上海:华东师范大学,2013.
② 田养邑.学校改进的"源"与"流"及其意义生成[J].教育探索,2015(6):11—14.

展,给学校教育提供很多启示,即学校改进需要充分汲取已有的经验与智慧,需要立足现实探索改进策略,以及需要获得多方力量的加入与支持,从而实现学校改进的重点突破和全面推进。

三、学校改进的现实境况

在厘清学校改进的基本内涵和发展阶段后,只有明晰学校改进的现实情况,才能有针对性地采取改进策略,扭转现状,推动学校变革朝着预期的理想方向发展。

有研究从学校改进的自身问题出发,指出目前学校改进概念尚存在分歧,不太确定,有待进一步明晰;并且关于学校改进的因素分析多局限于单一维度,缺乏多维推进的意识,从而指出要立足多维视角来理解学校改进,多维度探索改进策略。[①]

有研究则从学校改进的价值追求出发,认为学校改进存在两种价值:一是终极价值,即促进学生的全面发展、个性发展与可持续发展;二是工具价值,即包括战略层面的工具价值及战术层面的工具价值。但目前在实施层面存在如下问题:关注学校改进的工具价值,忽视学校改进的终极价值;关注学校改进战术层面的工具价值,忽视战略层面的工具价值。[②]

有研究则从学校改进的实施角度出发,指出五个方面的障碍:一是"改进"成为学校自主的校本实践活动,缺乏政府和上级教育管理部门的政策支持,存在政策障碍(制约改进的动力);二是学校对自身的改进没有合理的定位和目标,存在理念障碍(制约改进的方向);三是改进的动力不足甚至匮乏,存在资源障碍(制约改进的持续);四是对学校改进的效能评价依旧停留在学生成绩和升学率的单一

---

① 李保强,刘永福.学校改进的历史回溯及其多维发展走向[J].教育科学研究,2010(2):28—32.
② 陈丽.学校改进的特征与价值取向分析[J].教育科学研究,2010(11):5—8.

标准上,存在评估障碍(制约改进的成效);五是学校改进的权责不对等,对改进中的过失如何问责存在制度障碍(制约改进的保证)。[1]

通过已有研究,我们可以窥探出学校改进在发展过程中并不是一帆风顺的,仍然有许多问题值得去研究、去攻克、去突破,即不仅要在理论层面上对概念、价值追求、构成要素、影响因素等进行全方位的研究,也需要在实践层面上不断对多主体、多因素、多层面等展开深入的探索,从而使学校改进的面貌能够焕然一新,绽放出全新的能量。

四、学校改进的影响因素

当我们了解了学校改进中存在的现实问题,就会思考为何会出现问题,以及如何能够解决问题。因此,了解学校改进的影响因素,能够帮助我们更加清晰地认识问题背后的本质,探寻到改进策略的智慧。

聚焦单一影响因素,有研究者从学校文化的视角分析,认为学校文化是影响学校生存和引领学校发展的硬实力和软实力的综合因素,具体包括环境文化、精神文化、典章文化、礼仪文化,它们共同影响学校的改进、提升与发展。[2] 有研究者从教师领导力的视角出发,经过理论和实践的双重研究,认为教师领导力是学校改进成功的一个重要因素,能够对学校改进和学校有效性产生直接的且积极的影响。[3] 还有研究者认为改进策略和方法选择是学校改进最关键的因素,并且选择恰当的改进策略优先于改进方法,即选择从哪里进行改变比如何进行改变更重要,当明白了学校需要改变的是什么以及什么是学校当前能够有效改变的,再采

---

[1] 苗绘.学校改进中的障碍分析及应对策略[J].长春师范学院学报(人文社会科学版),2012(4):117—119.

[2] 张俊华.影响学校改进提升与发展的四种文化[J].教育发展研究,2008(12):71—74.

[3] 阿尔玛·哈里斯,丹尼尔·缪伊斯.教师领导力与学校发展[M].许联,吴合文,译.北京:北京师范大学出版社,2007:76.

用合适的改进策略,如通过教育教学思想更新、管理革新、信息技术应用、日常教育智慧积累等改进学校。① 从某一个影响因素出发进行的研究,能够启迪我们重视这些重要的关键因素,突破重难点,实现以点带面的发展,不断推进学校改进走向深入。

聚焦多方面影响因素,有研究者从实践的角度出发,认为学校改进包括校长能力提升、教师专业发展、学生学习参与和学校文化建设等维度,指出学校改进的重点就在于秉承学校持续发展理念,积极回应课改重点,充分关注学生素养培育,着力提升校长胜任力,明晰学校特色与文化着眼点等。② 有研究者从学校改进有效性的角度出发,提出五个影响因素,分别是校长强有力的领导;对教学中心有广泛而透彻的理解的教学领导;安全而有秩序的学校学习氛围;对所有学生的高成就期望;采用学生成就测验来评价学校的成功。③ 有研究者在梳理新西兰的有效学校改进项目后,提出学校改进要关注两个层面六个因素,分别是学校层面,包括文化理念、改进过程、改进结果等关键要素;教育背景层面,包括改进压力(动力)、资源(助推器)、教育目标(方向与追求)等背景因素。④ 不论具体有多少因素,这些研究让我们认识到,既要做到重点关注,也要做到系统思考,才能够让学校改进实现质的飞跃,推动学校持续健康地发展。

五、 学校改进的实践路径

学校改进是寻求内涵式发展、落实立德树人根本任务的有益探索,对培育学

---

① 沈玉顺.学校改进实践策略解读——基于我国中小学学校改进实践的分析[J].教育发展研究,2010(18):16—20.
② 刘学智.学校改进视角下办学质量评价的实践探索[J].教育与教学研究,2021(4):117—127.
③ 程晋宽.美国有效学校的理论与实践[J].外国教育资料,1994(3):59.
④ 丁娴,徐士强.美国学校改进项目变革模式分析——基于有效学校改进综合框架[J].上海教育科研,2017(7):50—55.

生核心素养和促进学校健康发展有重要影响。这就要求学校需要在明晰现有问题的基础上,通过系统而持续的努力,动态调整和改变各种内外部有益要素,进而在解决问题的同时,实现教育目标的达成。简言之,学校改进的基本路向是有效实现教育目的、改变环境、系统且持续的努力。①

聚焦到学校改进的认知层面,有研究者认为学校改进是一个持续不断的过程,而不是一个最终的结果;学校改进既要基于现实需求,又要立足面向未来;学校改进的最终目标是促进人的发展;任何一所具体学校的改进都是个性化的学校改进。② 有研究者认为学校改进是变革学校的主观努力过程,具有主观性;是变革学校的渐进过程,具有渐进性;是有计划、有组织的过程,具有持续性;是需要综合考虑影响变革的相关因素的,具有复杂性;是学校的理想目标,具有理想性。③ 这就告诉我们,学校改进是有目标的,需要指向人的发展;是有规划的,需要遵循学校实际情况;是有过程的,需要持续实践;是复杂的,需要多方主体多种因素交互影响。

聚焦到学校改进的实施层面,学校作为一个复杂、开放的组织系统,即学校改进不只涉及单一主体或某个维度,而是要把学校视为一个系统加以改进,在改进过程中需要综合应用多种方法和策略,或针对学校改进的不同主体和不同维度,开展系统的、综合的学校改进活动;或针对学校改进的内在流程进行系统研究,从而使学校改进更加科学与高效,让学校系统充满动力、富有活力,不断提升组织力、竞争力和影响力。有研究者从系统论的视角出发,提出"四主体—四维度—三重"综合学校改进框架,即基于技术认知兴趣、实践认知兴趣、解放认知兴趣这三重认知论,从理念、结构、行为、关系四个维度,对四个主体即政府、学校、变革代理

---

① 张熙.学校改进:我们该怎样行走[J].人民教育,2015(8):34—37.
② 胡振京,杨春芳.学校改进的实施路径探讨[J].天津市教科院学报,2015(5):22—24.
③ 陈丽.学校改进的特征与价值取向分析[J].教育科学研究,2010(11):5—8.

人、社区的改进进行研究。① 有研究者从基于证据的学校改进视角出发,提出学校改进过程是一个螺旋式上升的过程,该过程由"计划—执行—检查—处理"循环组成,由基于证据的方法所支撑,其最终目标指向构建高效能学校、提高学校成员的幸福度和增强学校自身持续改进的能力。② 这就告诉我们学校改进是一个全校改进的过程,是一个系统规划的过程,是一个目标达成的过程。

鉴于此,学校改进需要综合考虑为何改进(改进的动力)、改进什么(改进的对象)、谁来改进(改进的主体)、改进目标(改进的方向)、如何改进、改进过程、改进结果等改进因素③④,促进学校改进进入基于目标—指向目标—达成目标的良性循环中,围绕教育教学、学校文化、组织方式、教师发展、学生发展、家校社关系等维度进行改进,并且在改进过程中不断深化与更新改进的内容和深度,进而最终实现学校的健康发展和多主体的共同成长,以及推进社会的长久进步。

---

① 楚旋. 系统论视角下的综合学校改进研究框架分析[J]. 教育发展研究,2011(15—16):50—53.
② 许爱红. 基于证据的学校持续改进[D]. 济南:山东师范大学,2013.
③ 方中雄,陈丽. 外源式学校改进的实践操作要求分析[J]. 当代教育科学,2010(16):51—53.
④ 胡晓航,杨炎轩. 学校改进的基本内容、空间次序与群体策略[J]. 教育科学研究,2014(02):33—37.

第一章 校长的改变——达人中成己

引言

校长,既应是能干事能成事的人,也应是善于"让改变发生"的人,更应是"达人成己"的人。只有勇于担当、勇于成事的人,才能直面教育教学改革中的各种挑战,实现学校教育的高质量发展。面对不同层面的改变,以何种态度去应对改变,会有截然不同的结果。被"改变"推着走,就会疲于应付,感受到压力和挑战;漠视"改变"的价值,就会错失良机,无从实现学校变革;直面"改变"带来的挑战和机遇,就会披荆斩棘,收获成长和发展。

当我们以更高的视角、更大的格局来重新审视学校改变,重新探索学校改变路径,就会感受到改变本身蕴藏的强大动力、衍生出来的无穷魅力,以及为学校教育带来的巨大潜力。

让"变"从可能成为现实,充分彰显变的精彩——引领之变、管理之变、规划之变、总结之变、文化之变、交流之变、环境之变、教师之变……

让"变"成为"一呼百应"——那是引领的力量,提升教师自身的内涵发展;

让"变"成为"八仙过海"——那是智慧的力量,助力学校教育的变革发展。

就像一首名为"理想"的歌里唱的那样:"如果没有人来幻想明天花儿会开放,就不会有人拼尽全力播种下希望;抬头看,路漫漫,理想依然在召唤。"是啊,校长的改变——"发展中成人",就是让"改变"发生,实现美好教育的理想!

校长是一所学校的灵魂,教师是质量的关键,学生是发展的目标。校长的改变、教师的成长与学生的发展密切关联、循环递进,而校长是促进改变、实现改变的重要力量,即要以教育家型校长为努力方向,不断形成优秀领导者所共有的品质和能力,以及要具有适应教育情境的专业品质能力。具体表现为:在精神气质上要有赤诚的教育之爱、坚定的教育理想与信念、打破成规的创新精神,以及海纳百川的胸怀;在专业品质上要具备丰厚的专业知识、科学求真的理性精神、务实精细的工作方法,以及持续学习的热情。[①] 只有实现自我突破、自我成长,才能更好地持续关注和研究教育改革的重难点问题,积极回应社会对优质教育的迫切需求,基于此深入思考学校办学的努力方向,推动学校朝着正确且健康的方向持续发展。与此同时,校长要始终把"人"的发展放在学校办学的核心位置,切实成为师生全面发展的规划者、引领者和支持者。只有关心学校每一位教师的发展,才有可能培育一支高素质、专业化、创新型的教师队伍,才有可能用一流的优秀教师创办高质量的教育,才有可能培养更多德智体美劳全面发展的孩子,为每个孩子的幸福成长奠基,实现国家和社会对教育的殷殷期待,履行时代赋予教育的重大使命。

究竟校长如何实现自身专业化成长,突破管理瓶颈,是亟待关注的问题。有研究指出提升校长管理专业化水平的路径,即对内要注重管理中的个性化人文关怀,对外要挖掘学校—社区深度合作路径。[②] 进一步聚焦校长对学校发挥作用的方式,主要是指校长要通过真实的入情、规划的入理、文化的入境、细节的入微、成长的入我等方式,体现情感管理、专业管理、人文管理、细节管理和自我管理的理念,促使自己与教师们建立情感联结,形成合作共赢的良好氛围;促使自己成为学校发展的规划者与引领者,推动学校实现深度变革;促使自己成为文化形塑与创新的行动者,践行文化育人和文化治校;促使自己愈加注重细节管理,提升学校管理品质;促使自己持续自我学习和专业突破,追求卓越,最终实现通过成事来成人、育人来兴校。

---

① 鲍传友. 教育家型校长的特质与使命[J]. 人民教育,2018(12):30—32.
② 于川,霍国强. 教师视域下校长专业发展的困境及其解决[J]. 中小学校长,2022(2):58—61.

第一节 入情——浸润心灵深处,是真诚,更是应变

情感管理是一种以情感为纽带,塑造友好和谐的工作氛围,调动多方主体的积极性,增强多方主体的凝聚力,共同推动愿景达成的有效方式。校长将情感管理作为制度管理和文化管理的有益补充,意味着校长要发自内心地关爱教师,懂得换位思考,体察其情绪情感,让教师在学校场域感受到人文关怀和内心愉悦,从而焕发教师内心深处的爱,以及激发教师正向的情感,从而促使教师实现认知和行为的转变,对待工作的态度更加投入,对待校长的管理更加支持,对待学生的教育更加耐心,这就是情感管理的魅力。这将让爱和温暖传递,让正能量在校园里汇聚,让师生共成长成为一种现实。

校长要想通过情感管理,最大限度激发和释放教师的潜能,激发教师的主动性、积极性、创造性,发挥更大的价值,就需要思考如何以情动人、以情感人、以情育人,把教师们凝聚起来,增强学校发展的软实力。具体而言,一是要真实地面对,让自己和教师们融合在一起;二是要真情地对待,体察教师们的所思所想,表达关爱和尊重;三是要真心地帮助,要看到教师们的困难困惑,给予支持和帮助;四是真诚地处理,要主动坦诚地承认错误化解问题,实现沟通渠道畅通,营造和谐的人际关系。当校长以真情实感对待每一位教师,让教师感受到尊重、理解和支持,教师就会付出自己的真情实感,让校长感受到配合、努力和发展,彼此就更容易产生情感共鸣,建立共同愿景,达成目标共识,继而共同为创造美好教育而努力,从而让校园里的每一个人都有成就感、满足感和幸福感。

一、真实地面对

(一)真实面对的内涵

学校最核心的要素就是人,是每个富有生命力的鲜活的独特个体。不同的主

体在学校场域里相遇,彼此以什么样的状态进行互动对话,一定程度上会影响育人的质量。情感管理强调以人为本,从人的需求出发,实施对人的教育,促进人的发展,即在学校场域中要关注人的情感,做到对每个个体的尊重。而尊重和理解的前提就是要真实面对,坦诚相待,因为真实会让彼此之间产生信任感、认同感和归属感。细而言之,真实地面对每一天遇到的每一个人,发生在每一天的每一件事,不管遇到何人何事,都能真诚以待,这是成长的学问,更是管理的艺术。

(二)真实面对的行动

校长要想真实地面对所有的师生,最关键的就是把每个个体都视为一个真实的人来看待,而不是由角色定位后的教师或学生。与此同时,校长应及时调整自身的角色定位,不再是以一个校长的身份,而是以一个与其平等的个体的身份面对大家。这样大家就能感受到平等、尊重和民主,促进彼此之间更好的了解和理解,产生积极的心理认同和情感共鸣。

以校长初到一所学校如何进行自我介绍为例,如何能让教师快速了解自己,形成良好印象,以及传递个人教育理念,形成教育合力,是值得认真思考的问题。就自己而言,不论是作为新任校长,还是作为特级校长,我始终铭记校长的职责和使命在于把一个学校办好,让更多的学生和教师成长为更好的自己。鉴于此,我到新任职学校的第一次正式见面的自我介绍就是竭尽所能地回应教师所关心的问题,或是关于我本人的情况,或是关于我对学校办学的理解,从而实现答疑解惑、激发活力、建立共识的目标。

诚然,我曾迷恋管理的诸多技巧和策略,但在管理实践中我逐渐体会到大道至简的意蕴,领悟到真实才能获得真正长久的认同。通过持续思考管理的内涵,意识到不仅要注意说话的技巧,更要注重表达内心的真实;不仅要运用一定的管理技巧,更要注重讲求实事求是。在这样返璞归真的过程中,我慢慢发生了改变,这种改变不仅发生在思维认知层面,认识到真实的表现、真实的表达、真实的面对也会有一个好的效果;也发生在实践层面,力求真诚的行动、积极的行动、有效的行动,努力做一个更加真实的自己!

（三）真实面对的反思

我作为校长和全体教职工第一次见面的场景总共有3次，第一次是2006年9月，与孙桥小学的全体教职工见面，那时我是32岁，第一次做校长，自我要求是尽可能地显得成熟一点，不要让人看到我的稚嫩。第二次是2017年，与上南实验小学的全体教职工见面，那时我是43岁，第一次从乡下到城区，自我要求是尽可能地充满自信，昂首挺胸，不想被人看轻自己。回顾这两次场景，我心中多少有偶像包袱，也在尽力地把自己包装成很完美很优秀的模样，但无形之中在自己与教师之间筑起了一道墙，没法走近教师身边，更没法走进教师内心。我之后意识到要想打破这种困局，只有逐步自我突破、自我提升，以真实真诚的心态来面对每一位教师，以自己的真心换取教师们的真心，才能拉近我与教师们的心理距离，与教师建立起彼此良好的初印象，才能凝聚行政团队和教师的能量，增强学校改进的力量。

在第三次经历发生前，即我到新场实验小学报到前，我先在上南实验小学全教会上，真实地告诉了教师们评选特级校长的经历，真实地描述我当前的处境，坦率地表达我未来面临的挑战，从而让大家能够给予理解和支持。我从全体教师的目光中，感受到了他们的理解和认可。会后在校园里，一位平常非常内向的教师看见我时说："校长，您辛苦了，要多多保重身体！"另外一位因与行政部门有分歧而找我的教师见到我时说："不好意思，不知道校长您那么辛苦，向您耍脾气了，您也不要放心上……"行政人员与教师都是因为知道我的辛苦，而理解我的辛苦，从而对我的工作更加支持、更加包容，对学校的工作更加主动、更加关心。

2021年11月5日，我与新场实验小学的全体教职工正式见面了。这一次相遇，我拟定了一个诗意的主题——相遇在美好的季节；这一次相遇，我从教师们关心的问题开始，采用自问自答的方式向大家介绍自己；这一次相遇，我是以特级校长的身份去服务一所农村学校，尽管大家对我有些许仰视，期望值也同步提高了，但我依旧坚信不论身处什么环境，做一个真实的人才是最长久的，只有没有偶像包袱地去面对每位教师，更加真诚地展示自己的真实经历、真实感受、真实情感、真实想法，才能让大家在心存期望的同时，明白我也有不足，也有做不到的事情，从而与教师们建立良好的信任与友好的关系，为后期真实相处打下良好的基础。

回看近期的这两次自我介绍，我发现，最为关键的就是真实、真诚，它看似朴实无华，却充满力量，温暖人心，凝聚人心。首先，放下特级校长的包袱，自我定位是一位普普通通的校长，把教师和学生的发展放在最重要的位置，团结更多的力量来提升办学质量，促进学校、教师、学生的共同发展；其次，校长也是鲜活的个体，是一个不完美的人，会有成功与失败，会有优点与不足，让教师们保持平常心，从而更好地相处和合作；再次，校长坦诚当前的挑战，以及接下来的应对举措，会引发教师们更多的共鸣，从而让每个教师都能理解、配合和支持校长。

※一次真实的自我介绍

相遇在美好的季节
——全教会上的自我介绍

各位老师：

大家好。今天，我就采用自问自答的方式向大家介绍自己。

1. 新校长应该是9月来？怎么到今天才见面？

首先是时间原因，我9月由上级领导带着到校报到，与老校长完成工作交接，国庆节后去北京参加了教育部举办的校长培训，所以11月才和大家见面。其次是换位思考，本来9月30日我也可以与大家见面，但考虑到见面机会有很多，相比与校长见面，让老师放假回家过节更好，因此换一个合适的时间和大家见面也更为妥帖。

2. 新校长是怎么到新场实验小学来的？

我今年被破格评为上海市特级校长，属于流动性质，就需要在担任原学校校长之外，再担任一所农村学校的校长，这是我所知道的。组织上安排我到新场实验小学担任校长，这是我没想到的，也是十分意外的。原因在于学校一方面地处古镇，名声在外，我潜意识认为不是农村学校，因此认为不在分派范围之内；另一方面考虑组织上会就近分派一个农村学校。这种意外的相遇源于组织上高站位的思考与布局,也源于我们的缘分。

我对我们新场实验小学的认识一直在更新,可以用三个印象深刻来总结。一是在两区合并时,当时的教育署组织来学校参观,我就对我们小学的百年历史和百年大树印象深刻;二是在 2014 年,我与老校长一起参加全国骨干校长培训时,他向全班介绍了新场实验小学的办学情况,非常有特色,给我留下了深刻的印象;三是在近几年,伴随着新场古镇的发展升级,我校不仅进行校舍改建,也扩建了新校,学校名称也从新场小学升级为新场实验小学,获得了更多的发展,更多的关注,同样给我留下了更为深刻的印象。当得知我担任新场实验小学校长后,熟悉我们学校的各级领导、同行都很关心我,也纷纷告诉我:学校很好,老师很好,行政班子很好。在此要感谢新场实验小学发展路上的老校长书记、行政班子、老师们多年来为学校的发展付出的心血与努力,让我可以幸福地遇见这份美好的缘分!

今天我在这里和大家表个态,无论是因为工作的需要,还是因为缘分而相遇,既然我已经在这个岗位上,我一定会踏踏实实地承担起这个岗位应该履行的责任,为学校负责,为老师负责,为学生负责!

3. 新校长是从哪里来的?

同在教育系统,大家一打听,就或多或少对我有所了解,但现在我作为新场实验小学的一员,还是需要重新再介绍一下自己。

1992 年,我 18 岁,毕业于上海第六师范,1994 年选择了家门口开办 2 年的园西小学任职。由于是新办学校,大家都是青年教师,无形中就存在许多尝试的机会,我在工作 1 年后担任年级组长、2 年后任备课组长、3 年后任教研组长、4 年后任副教导、5 年后任教导主任、6 年之后任副校长,做了 6 年副校长。很幸运的是,在有办学思想的校长、书记的引领下,在非常团结和谐的团队的支持下,我们一起打造出了园西小学的优质品牌。

2006 年,32 岁,我到孙桥小学担任校长,起初老师们比较抵触,源于园西小学是以严谨规范的教育教学管理作风闻名,然而慢慢地老师们发现我并非很教条,就从相识相知到相融相助。我在孙桥小学工作的 11 年,很幸运地遇到了一群志同道合的伙伴，把握了每一次发展契机，实现了学校的快速发展，形成了教育品牌，接待了国内外同行的多次参观交流，承担了多级别的展示，获得了区域各级领导的认可。

2017年，临危受命，我被组织安排到上南实验小学，这次的挑战在于乡村校长来管理城区学校。诚然，教师们有些许疑惑，但时间回答了一切，我慢慢融入学校，也被接纳了。很幸运的是我再次遇到一群好伙伴，与老师们、管理班子成为彼此信赖、彼此支持的强有力团队，学校也日益成为一个真正阳光下的快乐家园。

2021年，我来到了新场实验小学，这是一个正在不断发展的学校，学校的管理团队和老师也很努力，是一支非常有活力、有能力的团队，让我对未来充满期待，也相信好运会一直继续下去。

4. 新校长是不是比较忙，怎么看待这两个学校？或者说如何分别对待这两个学校？

在当校长期间，领导们都很关心我，一直给我机会参与各类培训学习。2003年，我作为唯一的副校长，参加区名校长带教班；2011年，参加上海市督学培训和考试，成为上海市督学；2011年，参加首批为期一个月赴英国留学的校长培训班；2014年，参加教育部组织的为期一个月的全国骨干校长培训班；2015年，参加为期半年的长三角名校长高级研修班；2017年，参加为期两周的赴英国进行评估督导学习；2020年，参加为期两年的全国优秀校长培训班等。这些培训是宝贵的学习机会，同时也确实让我有点儿忙。

现在我担任两个学校的校长，兼上南实验小学的书记，其中上南实验小学有3个校区、新场实验小学有2个校区，一共5个校区，隶属于三个街镇。而具体到上南和新场的关系，既不是"新人不如旧人"，也不是"但见新人笑，哪闻旧人哭"，确切地说，两个学校应该是我的左手和我的右手的关系。上南实验小学是我的右手，一直以来，习惯性用右手，所以用得很顺畅。而新场实验小学是我的左手，刚刚开始启用，可能还不一定很流利、很方便，但是，之后坚持学习与运用，一样可以运用得很流畅。这两只手对我来说，有点儿不一样，可能作用也不一样，但都非常重要，都是我的一部分，没有好坏之分、没有轻重之差，对我来说，都是缺一不可的。特别是,身为校长的责任,要求我必须对两个学校的教师、两个学校的学生都要负责。所以,我对两个学校都得管,而且都必须要管好。

5. 新校长对新场实验小学的初印象如何？又有什么新目标呢？

我对新场实验小学的整体感觉是非常好的,第一是很温暖,第一次走进校园,不论是看到老师,还是学生,大家都是脸上有笑容,与我打招呼,让人感觉很温暖。第二是很优秀,我们的行政人员和老师非常优秀,行政班子在我于北京培训期间将各项工作安排妥当,积极落实,有序推进；教师们不论是学科公开课还是班队课,现场研讨氛围好,学习效果佳。第三是很团结,在教研组活动、学生运动会方案、疫苗接种等事宜中,行政人员和老师都展现了良好的协作素养。简言之,我们学校的行政人员与老师非常有能力,我们的学校非常有实力。

谈到新场实验小学的未来,我作为校长最关心两件事——关心好教师、关爱好学生,就是爱护好这双手。这手有手心和手背,一面是老师、一面是学生,手心手背都是肉,都是我需要全身心爱护的。我所做的事情就是要对老师好——搭建发展的平台,学校将助力推进；对学生好——搭建成长的舞台,以更好的教育教学促进学生成长。因为所有的老师都期望更好的发展,所有的孩子都需要更好地成长。因此,我会全心全意对待大家,关心好大家,有困难就一起面对,有问题就一起解决,未来的日子,我们荣辱与共,共同发展。具体到工作层面,我的想法就是快乐工作、快乐生活,工作的时候大家一起快乐地工作,认真地工作,对得起自己的岗位,更对得起这一份职业和事业；工作之外,大家快乐地生活,健康地生活,去享受应该享受的时光。总结一下,我的目标——关心好教师、关爱好学生；快乐工作、快乐生活；我们共同提升新场实验小学的品质,树立新场实验小学的品牌,追求更为优质的学校,成就更好的教师、更好的学生。

6. 新校长这个人到底怎么样？

相较于个人工作方面的介绍,教师们更关心的是新校长的性情秉性、做事风格、为人处世。这个问题因人而异,评价自然有差异。大家可能会在开始的时候有一点点不适应,我们都要互相体谅、宽容。相信经过一段时间的接触,大家就能够彼此理解认同、愉快合作。不管什么时候,我一定会尊重大家的想法,尊重大家的工作方式,同时会坦诚表明自己的想法,站在大家的角度为大家多考虑。我相信彼此的适应只是一个时间问题,我们在一起会相处愉快、合作愉快。其实是否换校长,校长如何等对教师来说并没有什么影响,虽然每个校长的办事风格可能有所差异,但是只要我们的努力目标是一致的,每个人都能尽职尽责做好自己该做的工作,一切就会越来越好。

同时,我也有几点困难需要与大家沟通,一是我目前在学校管理上面临时间问题的挑战,2个学校5个校区,以及各级会议和培训等,让我在有限的时间内工作量倍增,很难顾及周全,请大家多体谅、多支持、多协助;二是临近年底,会议和考核特别多,我对新场实验小学的工作要先熟悉,再慢慢推进,包括熟悉大家,这就需要多询问、多交流、多沟通;三是特级校长只是一个荣誉称号,没有什么了不起,我就是一个普普通通的人,会有失误,也会犯错,也会有做不成的事情,也会有很多的烦恼苦恼,也会有很多的弱点不足……请大家多多包容不完美的我。

今天,我们相遇在这美好的季节。秋天的确是一个美好的季节。但是我想,比起相遇,相处才是更加重要的。只有相处美好,每一天、每一季才能真正美好。希望我们共同努力,在未来,相处在每一个美好的季节、每一个美好的日子。未来的日子,我会与大家一起快乐工作、快乐生活,为我们新场实验小学的进一步发展而共同努力。拜托大家!也谢谢大家!

二、真情地对待

(一) 真情对待的内涵

每个人不仅有学习生活的需求,更有情感满足的需求。当个体的内在精神需求得到满足,人就会焕发全新的活力,有益于实现个人发展和岗位发展的同步。校长需要关注教师的情感,及时换位思考,体察教师心理,以真情实意对待教师,引领教师形成积极的正向的情感,从而更有耐心地对待岗位工作,更有爱心地对待每个学生,更有信心地对待自己的全面发展。

（二）真情对待的行动

校长要想真情对待每个个体，就是要能多渠道看到、听到和想到教师的所惑、所想、所思，尽己之所能地去思考如何化解问题、解决问题，提升教师内在的获得感和幸福感，也提升教师对学校发展的认同度和支持度。

以学校如何开展年度总结工作为例，这意味着如何让教师们乐于参与，也能认真反思，从而发挥总结对教师年度考核的作用，也能发挥总结对教师持续改进提升的作用。我们一般在岁末年初开展年度总结工作，而教师们在这个时间都非常繁忙，因此教师们大多是以应付了事的心态来完成总结的，基本就是罗列一下个人一年的工作内容，再简单说一下不足与希望，然后存档，有一些总结几乎年年类似。实际上，年度总结没有走进教师心里。校长想扭转这种状况，就需要不断创新年度总结的内容与形式，让总结能走心、入心，充分发挥年度总结对教师个人发展的正向引领作用，即把能够代表个人水平的成果放进来、把过多假大空不务实的内容删除、把个人反思放在重要地位等。同时，也要摒弃总结写得多就等于写得好的观念。唯有这般，才能让总结变得更实在、有价值。

（三）真情对待的反思

当我进一步反思年度总结的价值，以及站在教师的角度来审视年度总结时，意识到作为校长的我最应该做出改变，破除一成不变的总结样式，探索富有创新性的总结方式，让每个教师都愿意参与进来。于是，2021年年底，我布置了一个别出心裁的年度总结任务——寻找属于自己的年度词。我想到这样的总结方式，设计这样的年度词，源于内心深处期待的一点点改变，让改变减轻教师们不必要的负担，让改变转变教师不喜欢的方式，让改变赋予教师真实表达感受的机会。这不仅做到了"实"，即践行"一字传神，一句立骨"的文化；也做到了"思"，即获得前行的力量，增加努力的信心。简言之，一份年度词的改变，正是因为作为校长的我会站在教师的角度来考虑问题的结果，会尝试着更加体谅教师、理解教师，也会更深入思考和追问每一件事情的本质，不断寻求殊途同归的好做法，继而在做成事情和做好事情的过程中,拉近与教师的关系,营建良好的和谐的校园氛围。

※一次别出心裁的年度总结

寻找属于自己的年度词
——教师2021年总结暨2022年展望

当我把《寻找属于自己的年度词——教师2021年总结暨2022年展望》(见表1.1)的要求布置下去后,学校教师纷纷向我表达惊讶与好奇,"真的不需要像原来那样写几百字的内容了吗?""真的只要交这份总结就可以了吗?""年度总结可以这样有创意吗?"等等。我也做出了肯定的回应:"是的,只有这几个年度词,但你们一定要静下来认真思考,写下属于你们自己的年度词、年度目标。"教师也给予了积极的回应:"这次肯定会好好思考,好好写,不抄袭,不复制,不粘贴。"通过他的前期反应,我发现一份最简单的总结要求,同样可以获得教师最认真、最投入、最用心的思考与总结。这或许就是一个用心的改变带来了教师的认同、理解和支持。

表1.1 寻找属于自己的年度词——教师2021年总结暨2022年展望

各位老师: 　　2021年接近尾声,让我们用一种独特的方式记录一下。 　　请你回顾一下自己的2021年,你觉得可以总结为哪一个词语? 　　请你展望一下自己的2022年,你觉得希望达成哪一个词语? 　　请你静心想一下、写一下…… 2021年个人的年度词: 2021年个人之最: 2022年希望达成个人的年度词: 2022年希望达成的个人工作目标: 2022年希望达成的个人生活上的小目标:

1. 年度总结的认真撰写

每一位教师在明晰要求后,都认真思考并写下了自己的年度总结,而且在规定的时间内以最快速的时间提交,没有人遗漏。我收到教师们的年度关键词后,就仔细地查看并梳理了每一位教师的年度总结词。他们非常用心地写下了关键词(见表1.2),这些简单的关键词透露着对生活、对教育、对他人、对自己的思考和追求,我们从中能够看到教师们对美好生活的憧憬向往,对日常生活的积极态度,对教育事业的初心未改,对教师岗位的满心热爱,对自身发展的持续追求……我们从中能看到他们有共同的愿景,也有独一无二的向往……逐一看完每个人的关键词,或长或短,或大或小,我的内心深受触动,也充满了动力,愈加坚定要以全人的理念来对待每一位教师,愈加相信我们的教师是优秀的,而我要做的事情就是更好地发挥他们的潜能,助力他们成为更加美好且优秀的自己。愿我们的教师都能在优雅的忙碌中,实现2022年所有期许;我们只管努力,剩下的都交给时间!

表1.2　教师年度关键词样例

> **身体**:健康、减肥、不生病、长命百岁……
> **性格**:自由、乐观、平和、悦己、愉悦、恒心、静心、耐心、自在随心、至善至美、静待花开……
> **发展**:沉淀、沉稳、平稳、挑战、突破、勤奋、努力、提升、保持、细致、学习、发光、艺术、骄傲、反内卷、合理规划、社交牛牛症、坚持自律、常抓不懈、砥砺前行、渐入佳境、拨云去雾、学无止境、全面发展、统筹兼顾、务实高效……
> **生活**:幸运、成长、成功、圆满、美满、心想事成、万事胜意、烦恼全消、锦鲤体质、水逆拜拜、金钱自由、时间自由、悠然自得、日拱一卒、功不唐捐、知重负重、善作善成、俭以养德、廉以立身……

2. 年度总结的展示交流

为了更进一步发挥年度总结的作用,我安排学期总结时将大家的年度词进行PPT展示交流,希望这一小小举动让教师们意识到年度总结并不只是用于存档,也不是用来给校长看的,而是对个人成长的一段记录,是对个人发展的一种激励,更是对梦想的一种追求。在学校教师期末总结会上,开场就是——寻找属于自己的年度词,大家看着自己的年度词,别人的年度词,偶尔热议不断,偶尔欢声笑语,画面最后停留在倪老师写的年度词——"开心,因为来了新校长"。顿时,会场迎来一片欢笑声,掌声不断。这是负责筹办总结会的校办主任张老师给予我的惊喜。

等到我发言时,我说:"首先,感谢倪老师,你的高度评价让我很开心。这是给我最好的新年礼物,我希望在你的鼓励下继续加油,做得更好,让你的开心也继续!"此时笑声掌声又一次响起。

然后,我选择了一些具有代表性的有意思、有意义的年度词,有工作方面的,也有生活方面的,我将它们认真读了一遍。

比如工作方面的:特教班的蔡老师的2022年年度词"希望自己对待这些特殊的孩子更加耐心一点点";有老师写道:"2022年,能够多学会信息技术的一个小小技能,能够写一篇2000字的文章。"……

比如生活方面的:青年男教师康老师的年度词是"希望2022年我能够早日脱单。"我说:"我觉得这个2022年的生活小目标真的太重要了,所以,我要读出来。我希望我们的前辈们,特别是资源丰富的女教师们,一定要好好记得小康老师的目标,尽一切力量帮助他实现这个小目标。"下面笑声掌声雷动。

我想这不是简单的重复,更是一种潜移默化的引导。

最后,我说大家都写得很认真,年度词里都是对新的一年中更好的自己的真实的期待以及努力的方向,希望大家这些真心的愿望,都能够达成。

3. 年度总结的延伸行动

期末总结结束后,我让校务办把所有教师的2022年年度词整理好,核对好内容,并提出要求。新年之后,在开学第一天,教师再一次阅读先前写的2022年展望的年度词,明确2022年的小目标。然后,教师们可以凭借这份年度词去认领自己的特制蛋糕。这是我给大家精心准备的特别的新学期礼物——一个圆圆的小蛋糕,每个教师写的新年年度词都印在了这圆圆的小蛋糕上,每人一个,各不相同,精彩纷呈,私人订制的蛋糕,只属于独一无二的自己。这份新年礼物代表了我对每一位教师的期许:做更好的自己,希望朝着目标前行。那天,大家领到这份礼物后,朋友圈就刷屏了,有位教师说,"校长,真的是把我们放在心上";有位教师说,"我拿回家,告诉孩子,你也可以定一个2022年度的小目标"。

这是一份用心的礼物,从撰写的设计,到认真的分享,再到每一个专属小蛋糕。我想表达的是一份尊重、一份重视。我想说你们在我心中很重要,我是真心地喜欢大家,希望给大家快乐喜悦。而这份真心的喜欢与努力,对方也能感受到。

简言之，一份小小的礼物延展了年度总结的内容，赋予了年度总结全新的内涵，让年度总结拥有了崭新的生命力，从而让教师们有真心的话去说，有切实的目标去行动，有内心的温暖去支持。

4. 年度总结的时光记忆

一次不同的年度总结，激发了教师们的活力；一次不同的年度总结，赋予了生活美好的记忆。同样的事还有很多，其中有两件让我记忆最为深刻，一是2021年10月我在北京培训期间，一直想给学校行政老师们带点小礼物，苦于没有找到合适的礼物，便在回学校后开行政会期间，自己请专业公司精心制作了一场精美的茶歇，供大家享用。会议中场休息时，大家走出会议室，远远地看到一排精美的茶点，行政老师们脸上写满了惊讶、兴奋和激动。这场茶歇不仅让大家感受到精致的意义，同时也创造了轻松交流的机会，拉近了彼此之间的心理距离。二是2016年调任上南实验小学，离开孙桥小学时，我自己给每个教师准备了一份礼物——一把定制的伞，上面印有学校核心文化——快乐。我说："分散了，所以送把伞，但希望快乐不会散去。"多年以后，有位教师偶然遇见我，一开口就说："校长，我那把伞还好好的呢。校长，谢谢你。"当这一幕幕闪现在脑海时，我愈发觉得日复一日，只有真情相对，对方才能感受到温暖，自己也会觉得快乐，而改变也在不知不觉中发生。

三、真心地帮助

(一) 真心帮助的内涵

每个独特的个体之所以获得成长和发展，既离不开自身的努力，也离不开外界的支持与帮助。因此，我们有能力帮助他人的时候，就需要思考帮助的对象、帮助的时机和帮助的方法等，同时我们也要善于发现他人的困难、困惑，赋予显性或隐性的支撑，从而使每次真心帮助不仅能够契合对方的需求，而且能够助力对方的发展，这是教育智慧的显现，也是领导能力的体现。

(二)真心帮助的行动

真心帮助他人是一种高尚的利他行为,在助人的过程中,既要让对方感受到自身毫无保留尽己所能的付出,也要让对方在帮助中有所学习和收获。除了个人的成长与收获,还需要有帮助他人的意愿和行动,从而在学校营造出互助共赢的良好氛围,促使教师之间的关系更加团结,更加友好。

如何帮助教师更好地成长,助力学校共成长?面对这个具体的问题,每个校长都有自己的答案,我任职初期,主抓核心问题和关键问题,即关注不同教师群体的发展需求,引领和支持教师专业成长,整体提升学校教育教学质量。这一理念的形成源于我身边有很多令我敬佩的优秀校长,他们的言行让我受益匪浅;源于我遇到了一个好校长,倾囊相授其宝贵的智慧与经验,赋予我改进的勇气;源于我遇到了一批好同事,给予我很多支持与理解,赋予我前进的动力。这些因素都让我倍感快乐,从而也更加努力,在实践中不断厘清校长的角色定位,持续追问如何做好一个校长。

(三)真心帮助的反思

我开始把目光聚焦到每一位教师的专业发展上,不仅从岗位出发,关注教师和干部的培养培育,同时从教师发展阶段出发,关注青年教师、有经验教师和优秀教师的培养培育。这种培养培育首先体现在情感关怀和情感支持上,让每一位教师都能感受到校长对其发展给予的支持,赋予其前进的动力;其次综合多种方式阶段性了解大家在专业发展过程中的真实状态与现实困惑,探索性地建构教师专业发展愿景,设计和组织系列化的、个性化的研训活动,引领和支持教师实现专业发展,同时也不断提升自身专业素养,增强教育教学能力,发挥身正为范的榜样作用,让教师们能够更加配合与支持我的工作。我相信学校持续健康的发展需要100%的教师的共同努力和共同发展,只有让每个教师都融入学校文化,把个人发展与学校发展有机整合起来,才有可能实现互惠共赢,让学生成为最终的受益者。

身为一校之长,自然会有很多事情要处理,但万变不离其宗,就是要关注人的发展、支持人的发展、促进人的发展、引领人的发展,这其中既有教师和学校行政的发展,也有学生和家长的发展。如果发现不同的群体在工作过程中遇到困境,就需要帮助其解决困难,看到困难中蕴藏的发展机遇,在解决问题的同时实现锻炼人、成就人,最终实现快乐工作、幸福生活。

※真心助人的幸福时光

认真做事　快乐助人
——助力青年教师的发展

有一位青年教师从外校转来,我听了她的随堂课,感觉有些许差距,而且她本人也强烈感觉到并未很好地适应学校的节奏。她这时候最需要适切的关心和帮助,因此我推荐她来上学校教研课,她很意外,但也挺开心,欣然接受了这次在全校面前展示的机会。

第一阶段是备课磨课,她得知上教研课两天后,一份备课稿就出现在我的桌子上。我用铅笔在备课稿上标出了三种符号,分别是星号、对号和五角星,然后告诉她这只是我的建议,让她先看看,后面我们再交流。第一次交流开始时,我强调没有对与错,只有是否更好更合适,尽量为讨论营造一个开放宽松的氛围,让每个人都能充分表达想法,各抒己见。她先介绍了自己的设计思路,我也分享了自己批注的理由,在轻松愉快的状态下进行思维碰撞,交流观点,慢慢地就形成了教案的总体框架。她很快提交了第二份教案,但由于大多是我的设想,她并未理解透彻,总体思路还是不太清晰。于是我们就有了第二次交流,看到她有些紧张和焦急,我安慰她:"你比我好多了,当年我都要写6稿,甚至7稿呢。"第三份教案有1500多字,我修改补充了2000多字,采用单线、双线、曲线、红线、提醒、说明等方式,教案变得密密麻麻,她看到后,脸上是惊讶的表情。第四份教案已经比较详尽和完整了,排版也整齐美观,我从中可以看出她付出了很多,花了不少的心思。当我告诉她对这份教案很满意时,那一刹那,我们都感受到了合作的愉悦和学习的幸福。

第二阶段是课件制作，我逐一嘱咐教研组的所有教师，都要给予她力所能及的帮助。课件制作好之后，我觉得一些背景音乐不到位，于是反复听、反复看、反复琢磨，终于筛出了不合适的音乐。我邀请了音乐学科的教师，给他们描述整个课题的教学思路，整个环节的铺垫设计，让他们从专业角度给一些建议，最终我们找到了一首合适的乐曲，大家脸上都露出了笑容。

第三阶段是试教听课和正式上课，第一遍，失败后沟通；第二遍，大体失败，但有成功之处，再沟通；第三遍，大体成功，但又有不足的地方，还是沟通；第四遍终于成功了。上课前一天放学后，我去看她，她看到我就说："我紧张，总是会担心明天如何更好地回应孩子，也担心明天上不好课怎么办。"我笑着说："今天就让我来做你的学生。"我们一起走进教室，我做她的学生，思考着孩子各种回答的可能性，并不断向她提问，也不断回答她的问题，当她被我问的不知所措时，我就站起来做示范，或两遍，或三遍，不知不觉，就到了深夜。我们两个人一起关机、关灯、关门。走出校门后，她说了声谢谢，我笑着拍了拍她的肩膀。这一刻，我们已经默契到不需要更多的语言，无声胜有声。第二天，我得知她回家后又练习到很晚，而且上午又拉着教研组的每个成员说了一遍。下午的课比预料的更为成功，上好课后，她向听课席的我走来，我向她翘起大拇指，她的眼眶瞬间就红了。

第四阶段是评价反馈，我在校本教研论坛上写了版主的一段话——今天是张老师第一次在我们学校全体语文教师面前亮相，我想这次课对她来说会因为"痛苦"而长久地留在记忆中。其实，她一直很努力，这一次，她更加努力，她想把最好的呈献给每一个听课的老师。我想说，她做到了，今天她的表现很出色。我还可以说，她没有做到，因为凭借她的努力，明天的她肯定会比今天更加好。我们每一个人都是这样逐步成熟的。站在讲台上的她的背后是整个年级的备课组老师，是他们的支持让她更加从容。我想张老师会因为这些好伙伴而更加努力的。在我的留言后面，是每个教师真心的赞美与真诚的建议，这一切都留在了学校的论坛上。我想这是对她最大的鼓励与帮助，这是她在新学校新开始的一个标志。在以后的随堂课、备课组、研究课，甚至在浦东新区公开课上，她的表现越来越好。她成了我们学校活力向上的一员。

这些助人成长的过程,虽然让人很辛苦,但也让我收获很多。反观我为什么会这样做,可能是因为我的前任们就是这样做的,我是在他们无私的帮助下成长起来的,所以我想把这一接力棒传递下去;也有可能是因为我觉得身教重于言教,让教师们从我的行动中看到真实的工作态度,更有助于大家思考如何做好一个称职的教师,以及努力做一个优秀的教师;还有可能是因为教师本身的职业习惯,乐于把自己所知所思分享给自己的学生,就像做副校长一样,乐于用自己的能力帮助每位教师成功,让大家在行动中收获成长,在行动中收获喜悦。当时的我深知,尽管我在副职的岗位上做了一些工作,但想成为一个称职的副校长还有很长的路要走,还需要付出更多的努力!因为只有做,才能越来越好!无论是副职,还是其他,无论何时何地,我都会始终坚持这种态度——认真做事,快乐助人,我也想把这句话送给大家,让我们一起共勉!

这是一个真实的故事,也是很多很多真实故事的缩影。我在园西小学获评教育署十大优秀副职,上台领奖时做了分享发言,我当时深刻地体悟,一个好的教学副校长就是帮助每个教师实现最大程度的个人成长,帮助每个教师实现成功,只有在他们最困难的时候给予帮助,他们才会对学校工作尽心尽力、竭尽全力,才能把学校像家一样珍视呵护、荣辱与共。再后来,我当了校长,虽然不一定冲在最前面,但始终不变的就是关心教师的发展,尽力帮助所有教师获得成功,体会工作带来的归属感、幸福感、成就感。

直面挑战　携手共进
——助力青年中层干部的成长

我当上校长以后,同样发生了一件记忆犹新的事情。某天,青年中层干部小王坐在我面前,在我问起一项工作时,她欲言又止,忍不住眼里有了泪光,我知道她又遇到麻烦了。小王是刚刚上任的行政干部,很能干,也很肯干,但有个很严厉且有些强势的部门领导,因此时常处于教师与领导之间,很多事情有苦说不出。

我希望大家能努力工作,获得成功;但我同样希望大家能愉快工作,获得快乐。如果内心感受到压抑和委屈，长此以往必将有损于工作和生活，失去工作的热情，错失发展的良机。这个时候她需要帮助，我可以给予支持，陪伴她度过这一阶段，慢慢走向成熟。但究竟如何帮助才是恰当的？因为她有部门领导，我不方便直接干预，这也不符合正常的管理流程，但他们部门的工作也的确存在一些亟待改进的问题。为此，我做了如下几件事情，一是以深入一线观察青年同事的理由，进入他们的工作群，得以第一时间了解具体情况，并且不断在群中表扬和鼓励青年干部。二是第一时间了解情况后，关键时候会私下具体指导小王等青年干部如何具体操作，以免走弯路，同时真心鼓励他们。三是多参与他们的线下会议，肯定他们条线的工作质量，并直接给予相应指导，同时也不定期提醒资深的部门领导，给予青年干部更多的包容与鼓励，让每个青年干部都勇于尝试，不要总是担心他们犯错，而是要正视错误，把错误视为工作改进和自我提升的契机，不断让成事与成人有机整合。

相应地，我也会对青年干部强调要以更加坚强的心态面对困境，困难都是暂时的，要用聪明才智和良好心态去化解困难。比如当遇到领导批评时，不要一下子就陷入负面思维，而是理性地看待领导的批评，有则改之，无则加勉，把批评视为一种提醒，一种督促，一种关心，从而培养一颗强大的内心，用更加充足的底气和勇气去应对所有的困难，化"危"为机。后来，当一向严格的部门领导表扬了小王时，小王来到办公室跟我说："校长，其实我爱这份工作。但是，之前我真的觉得我不行了，已经无数次想退出了。是您的帮助与鼓励让我度过了最艰难的时候。现在，我成熟了很多，有了自我的判断。我现在有更多的自信来处理工作，也会在工作时更加努力，更加开心。真的谢谢您。"说着说着，小女孩又泪光闪闪了。这一次她的泪光，已经不再是因为委屈和压抑，而是因为发自内心的感动和喜悦。

当类似的一幕幕发生时，我知道作为校长只要愿意做一些事情，就可能有机会帮助一个人，成就一件事，即使这个过程增加了很多工作时间，花费了很多的精力，但这一切都是值得的，润物细无声的改变也会悄然而至！

四、真诚地处理

（一）真诚处理的内涵

人非圣贤,孰能无过,更何况圣贤若有错,即改莫徘徊,这就是提醒我们真实的人生总是会有错误伴随的,犯错就是漫长人生旅程中的一部分,犯错会引领我们的人生趋于完整。一旦我们以更广阔的视野和更博大的胸怀去看待错误、解决错误和宽容错误,错误就会变成每个人成长的垫脚石,帮助我们发展得越来越快,成长得越来越好。

（二）真诚处理的行动

我们在工作生活中难免会犯错误,重要的是我们对待错误的态度,即能否看到错误,如何看待错误,以及在错误发生后如何解决等。一是从个体层面来看,如果一味地把错误视为洪水猛兽,害怕犯错误,甚至犯了错还试图漠视和掩盖错误,就会让错误把自身禁锢起来;反之,如果我们把错误视为一种正常的状态,看成一次自我提升改进的机遇,就会敢作敢为,敢于试错、敢于担当,不断突破自我,升华自我。二是从群体角度来看,不管自身处于什么样的位置,尤其依仗身份地位或其他因素,没有做到知错认错,没有做到及时止损,不仅会影响群体之间的情感关系,也会影响工作开展的顺利程度,从而让事情的发展变得更加艰难。三是从事情发展角度来看,错误除了对个人发展和群体关系建立具有重要意义,还会影响事情的发展走向,不管错误大小,肯定是越早觉察后去面对、处理和改进,越有益于事情的发展,付出的代价和成本也往往越小,相反,欲盖弥彰只会让事情的发展态势越来越不好。

我以如何在日常管理工作中面对自己的错误,以及处理他人的错误为例。首先,要有时刻反省的意识,在一件事情结束后立即进行复盘和反思,考虑是否有什么地方想的不周到、做的不周全。其次,不管是发现自己的错误,还是他人的错误,尽快就具体问题进行沟通交流,并不断思考,找到更加合适的方式来化解错误，做到及时主动承担责任，就事论事，知错就改。再次，从错误中总结经验，如及时主动承担责任，不仅能把坏事变成好事，快速解决问题，也能增进彼此的了解与理解，同时，非但不会降低信任度，反而会增加对彼此的信任，获得更多的支持。

（三）真诚处理的反思

如果我们不断更新自身观念，不把犯错误作为可怕的事情，也不把承认错误当作耻辱的事情，敢于承认错误，改正错误，从错误中审视自我，从错误中学习提升，错误就具有积极的意义和正向的价值。与此同时，我们将观念内化于行，懂得及时纠偏，做到自我反省，发现问题后快速解决问题，这样不仅能在成事中持续地获得更多人的认可与尊重，更能让自己的生命变得更加丰盈而充实，自己的心灵更加自由而豁达，获得更大的成就和发展。

※一次错误的真诚处理

<h3 style="text-align:center">直面错误　成就彼此</h3>

1. 会议上的一次错误

到一个新学校，在一次校务会上，我和行政班子成员共同讨论一项工作，事情进展得很顺利。其间，一个校区负责人赵老师提到一个问题，即下学期语文教师不够，需要早点做打算。

我当即回应说："不够的话，就一个语文教师教两个班级。"

赵老师着急地回应道："大家的课都很多，这没办法安排的。"（赵老师是雷厉风行的急性子。）

我又回应说："实在没办法的话，就只能让一个语文老师教两个班级啊！"（我觉得这个回答没有问题，是因为我之前所在的学校一直这样处理。）

赵老师突然声音响起来了，口气也硬起来了，脸也板起来了，直接说："这怎么可能啊？我根本做不到的。"

我说："做不到也要做的。"（我很久没有在会议上遇到这样的态度，又是在学校第一次遇到这种情况,有点没面子,忍不住板起脸,口气也硬起来了,而且音量超过了赵老师。)

(一刹那,场面安静下来了,我也清醒了,脑海中在想:我这是在做什么?跟下属怄气?何况是在会议上,这绝对不可以,更不应该。)我意识到不对,立马说:"这件事情还没有到时候,以后再说吧。"

然后,大家开始讨论其他工作了。当然,大家都当作什么事都没发生一样。但大家心里都知道有事情发生过,特别是赵老师。

2. 会议后的自我反思

会议结束后,我回到办公室反思这件事。我知道这次是我错了。尽管只是工作上的一点点争执,但还是需要好好反省。一是不要在公众场合发生争执,事情虽不大,但场面不好看,影响很不好。二是校区负责人的难处可能来自方方面面,我对情况了解不全面,不能先入为主,直接将我的想法强行提出。三是遇事不能着急,不能简单地想要凭校长角色进行权威性压制。所以,这件事情是我做错了,我是当什么事都没发生一样,还是直面自己的错误?我相信,在场的其他人可能不一定放在心上,但是当事人肯定会放在心上,是有心结的,而且心结一旦有了,就会越积越多。除此之外,我内心也希望能够直面这件事,和赵老师充分沟通,了解深入一点,避免类似事件再次发生。

3. 下班后的主动认错

下班时间到了,我请赵老师到我办公室来。

我开门见山:"今天会议上的事情,我要向你道歉。"

赵老师很惊讶,马上说:"这没什么的呀,校长,你不要这样说。"

我说:"一是我为我的不妥回应真心道歉,二是我想听听你说的难处,希望你能相信,不管有什么困难,我们都一起面对,不会让你一个人去面对,尤其是面对你做不了的事情。"

赵老师感受到我的真诚,开始讲述学校的真实情况,以及一位语文教师担任两个班级的困难所在,包括去年直到开学都没有配齐老师,她因此所面临的巨大压力。(那一刻,我才真的明白为什么赵老师会如此着急,才幡然醒悟这个学校有与其他学校不一样的地方。)

然后我说:"我对情况有初步了解了,一开始我想当然了,片面地认为我们学校与大部分学校一样。但是你不要有压力,后面任课安排有困难,我们一起处理,不会让你一个人扛所有困难。"(赵老师点点头,我能感觉到她对上午发生的那一场小风波基本释怀了。)

我紧接着说:"当然,我也提一个小要求,以后在公众场合,我们要保持一致。如果我们有不同的想法,会后再沟通。"

赵老师马上回复:"我明白,今天是我着急了,不好意思,校长。"

我笑了,进一步说道:"管理一个校区,你肯定是最辛苦的。你可以有抱怨、有委屈,但是不要跟其他人多说,因为你毕竟是校区负责人,你的情绪传播开来,容易造成意想不到的影响,也会被别人猜测我和你不和,导致工作开展困难,这是大忌。"(我思前想后说出这点的原因,是我知道直性子的赵老师遇到不开心的事情,喜欢立刻表达和分享,但是其他行政老师听完后会有不同理解。我之前听到过一些风言风语,之前不太好提醒,今天正好一并沟通。)

赵老师很聪明,马上领悟,当即表示:"我明白了,以后会注意的,校长你放心。"

我也给赵老师定定心:"我也想跟你说一些其他的事情。关于未来的工作,第一,因为我负责两个学校5个校区,我肯定不能做到像之前老校长一样,一直在这个校区与你沟通工作,因此你就是校区全方位的负责人,有权管理,可以大胆管理。第二,如果你遇到问题与困难,我一定会全力支持。第三,学校后面会对你有一些工作上的调整,不是对你有想法,而是为了保护你,给你在工作上减负,让你用宝贵的时间去做更重要的事情——学校教学管理的深层思考。"(我知道赵老师还有一个担忧,就是老校长长期在这个校区,所以她感觉有依靠。而我在每个校区待的时间都不长,她就显得孤单,遇事没人商量。这也是我到了这个学校之后,她最不习惯的地方。)

赵老师回应道:"我能感受到你替我着想,谢谢校长!"(我相信我之前设身处地为她做的工作,聪明的她能感受得到。今天我们对很多问题的真诚沟通与处理,她也应该能感受得到。)

我们一直沟通到晚上 7 点,整个过程很流畅,彼此都更加理解对方,也会更加支持对方。之后,大家都觉得未来可期,合作也变得更愉快。我回家的时候,已经很晚了,但内心觉得很值得,真诚的处理换来的是彼此的信任,这是管理最重要的基础,有了信任感,事就会顺,人就会和,学校发展就会越来越好!

第二节 入理——规划学校发展,是点燃,更是渐变

一所学校究竟要走向哪里,怎么到那里去,以及最终是否到达,这些问题都属于学校发展规划的范畴。具体到学校层面的发展规划,教育部《义务教育学校校长专业标准》文件中提出了明确要求——校长作为学校改革发展的带头人,担负着引领学校和教师发展,促进学生全面发展和个性发展的重任。其中明确指出规划学校发展是校长六大"专业职责"之首,并从专业理解与认识、专业知识与方法、专业能力与行为等方面对校长提出具体专业要求。这意味着规划学校发展是校长的第一职能,是学校面向未来健康发展的重要条件。[①] 校长要高度重视学校发展规划,不断提升学校发展规划质量,建构共同的发展愿景,激发教师活力,共同携手前行,从而实现学生全面发展、教师专业发展和学校特色办学。进一步而言,校长要以学生全面发展为旨趣,架构学校发展目标,彰显学校特色,同时要全面熟悉政策法规的具体要求,汲取国内外优秀办学经验的实践智慧,以及系统学习规划制定的专业内容,提升自身规划能力。基于此,校长应明确自身的角色定位,是学校发展规划的第一执行者、全员发动者和资源保障者[②],要充分凝聚校内外多方主体的力量,共同参与、共同协商、共同决策,切实推进学校发展规划的需求分析、

[①] 刘冲,李松林,贺慧.指向整体改进的学校发展规划[J].教育科学论坛,2021(5):21—24.
[②] 郭继东.学校改进规划执行系统的构建[J].中国教育学刊,2010(3):79—82.

内容制定、实践落地和效果监测。

当校长在观念层面能够认识到规划的价值,就能够重视规划,强化规划的制定与实施;同时也会更多地思考、想象什么是好的规划,将规划的理论与实践有机融合转化,不断提升规划的想象力、实践力和影响力,最终点燃全体师生员工的希望与热情,谋得学校的渐进性改变与发展。值得强调的是,学校在做发展规划时,需要注意如下两点:一是规划不能等同于改进,只有实施规划,才有可能发现问题,并在实践中不断对规划进行迭代更新,才能形成学校发展规划的行动方案和改进机制,提升规划质量。二是规划要始终聚焦和指向学生发展,其他领域的发展规划都需要服务于这一核心目的,从而实现学生、教师和学校的共同发展。

一、学校发展规划的认知

(一)学校发展规划的基本内涵

规划是一个耳熟能详的词汇,我们经常会听到国家中长期教育改革与发展规划、区域教育发展规划、学校发展规划、教师职业生涯规划等,这些规划作为名词使用,就是制定一个相对全面的且长远的规划;作为动词使用,就是践行一个相对科学的且适切的规划。因此,学校发展规划就是对学校全面改进和持续发展的系统谋划,就是对学校未来发展蓝图的有序实践。反观当前教育从制定规划到实施规划再到监测规划是断裂的,存在观念认同但不制定规划、制定了规划但不实施规划、实施了规划但不评估规划成效等多种情况,在某种程度上能折射出规划的随意性、被动性、不合理,这意味着只有植根于真实需求的学校发展规划,才能够得到推进和落实,达成所希冀的目标。

(二)学校发展规划的心路历程

我对学校发展规划的认知,是有一个心路发展历程的,即从对规划的无知、无感转变到对规划的认同、主动,愈加重视学校发展规划的方向引领作用,愈加重视学校发展规划的制定、实施和监测等。诚然,在这一转变过程中,涌现出一些问题。一是在规划制定初期,有教师提出我们不是专业规划设计者,理论水平有限,无法写出让人耳目一新的规划。我认为学校规划必须由我们自己完成,没有人比我们更了解我们的学校。我们写我们能够做的事情即可,它不在于使用高大上的词汇,而在于与师生的利益高度关联,能够激励并凝聚全校师生共同奋斗,能够唤起师生的主体性参与意识,激发教师活力。① 二是在规划评审阶段,有教师提出我们学校的办学理念缺乏理论支撑,容易受到专家质疑。我指出学校规划不在于理论的"高大上",而在于实践的"接地气",我们只要坚持自己擅长的,坚持用正确的方式做正确的事情,相信总有一天会产生实践性影响,形成实践性智慧。三是在规划实施阶段,有教师发现规划从制定到行动阶段,依然问题多多,存在质疑规划效用的情况。我强调规划并不是一劳永逸的,而是要在实践中进行动态调整和优化的,不断构建研制—行动—反馈机制,促使规划更有专业性,更有可行性。

通过政策学习、文献学习和多次实践,我逐渐认识到规划是全校师生的集体智慧和行动纲领,可以通过共同的价值追求和愿景的有效设定来实现师生的共同发展。② 究竟如何编制高质量学校发展规划,有研究者强调可以学习国家"十四五"规划纲要的思想逻辑,借鉴规划纲要的写作框架和论证方法,符合管理原理,结合学校实际,保证编制过程的科学性和专业化。③ 有研究者指出要把握其结构和要素,重点明确学校的发展定位,关注六个结合,注重四个关键,形成结构性的闭环方案,以促进学校整体办学品质的提升。④ 还有研究者指出学校发展规划包括制定、实施和总结等阶段,当学校发展规划文本确定后,学校就需要通过任务分解,形成配套行动方案;通过任务驱动,形成持续改进机制,确保规划得以落实。⑤ 这些观点反映出规划是有价值的且专业的,是需要知行合一的,我们可以边学习、边研究、边实践、边改进,切实提升规划质量,不断形成高质量规划。

---

① 李啸瑜.以学校发展规划"点燃"教师活力的路径探究[J].上海教育科研,2021(9):82.
② 李啸瑜.以学校发展规划"点燃"教师活力的路径探究[J].上海教育科研,2021(9):81—84.
③ 张东娇.高质量学校发展规划的写作框架和编制方法[J].教学与管理,2022(4):11—14.
④ 崔勇."十四五"学校高品质发展规划的理解与施策[J].教育科学论坛,2021(11):3—6.
⑤ 刘冲,李松林,贺慧.指向整体改进的学校发展规划[J].教育科学论坛,2021(5):1—24.

（三）学校发展规划的实践反思

学校发展规划于我而言就是"想"与"做"的有机整合，前期的规划就是突出一个字——"想"，后期的规划也是突出一个字——"做"！在"想"与"做"之间不断调适、优化、迭代，从而把想的做出来，把做的写下来，把写的说出来，让规划走进每个人的心里，成为引领其发展的有力支撑。坦言之，每一次学校发展规划的制定与实施，不仅是一次对自己灵魂的追问、智慧的打磨、勇毅的考量，也是一次自我学习、更新、升华的机会。

当我们改变了对学校发展规划的认知，它的价值就再次显现出来，成为一种行之有效的管理方式，以及一种凝聚多方力量的有效方式，而不仅仅是一个形同虚设的文本，毫无价值，只能被束之高阁。随着我们从发展规划中日益受益，就会愈加认同一个高质量发展规划对学校健康发展至关重要，自然也会坚持按照规划制定的行动方案去实施、改进、收获。同时，我们也会更加坚信复杂的事情简单做，就是专家；简单的事情重复做，就是行家；重复的事情用心做，就是赢家；用心的事情谋划做，就是胜家！

※学校发展规划的认知转变

我对学校发展规划的认识

最初的感受——无知。我刚刚走进学校时对规划一无所知，也不知道规划有何用，总觉得未来瞬息万变，规划不如变化，如何能够规划，规划了又不一定实施，都是纸上谈兵，效果有限。

当校长第1年——无感。我刚刚做校长时对岗位职责刚刚熟悉，恰逢全区开始重视学校发展规划制定，于是，我结合区域规划文本的撰写要求，在学校原有规划的基础上予以沿承和适度延伸，增加了一些个人想完成的项目。这时候规划于我而言，就是完成一项任务，之后将其束之高阁，意义不大。

当校长第5年——认同。这一年，我积累了一点办学经验，也开始对办什么样的学校有了一些想法。这时,学校要整体搬迁到一个全新的校舍,也引发更多的人关注要怎么办一个全新的学校,以及正值撰写新一轮五年发展规划之际。这就要求我将零散的想法整合成整体的思路——规划学校的发展方向,凝聚多方力量,共同推进学校实现新突破、新发展。为此,我发动全体教师一起参与学校发展规划的思考、讨论、撰写、论证等工作,最终形成了一份非常务实的规划。后期我也充分运用规划来管理,也让学校每学期的工作变得更加有序、更加高效,也让学校发展朝着预期目标推进。

当校长第 11 年——主动。我再次调入一个学校的第一件事就是找出学校原有发展规划,主动了解学校情况,接着思考什么该沿用、什么该改进、什么该突破,然后主动汇聚多方智慧,共同思考学校新的增长点和发展点在哪里,以及如何实现这些目标等。如为了确保规划的前瞻性,主动邀请各方专家来提供方向引领,包括国家和市级的教育发展规划、区域层面的教育发展规划、街镇和社会的发展蓝图等;为了确保规划的整体性,主动邀请所有教师参与规划,倾听他们心目中的未来学校;为了确保规划的发展性,主动邀请学生、家长来畅谈他们最喜欢的学校模样。我们把这些信息进行消化、吸收、整合,最终制定出一份适合我们学校、属于我们学校的规划。

二、学校发展规划的实践

在学校发展规划评审中,我汇报完毕后,专家们开始反馈。在肯定我们规划的优点后,专家也提出了建议:"第一点,这份学校发展规划的主题不够新颖,不够有特色——快乐校园(孙桥小学的办学理念),太普通了;第二点,这份学校发展规划不够严谨规范,文字表述的层次低了一点,口语化多了一点。总之,这份规划太朴素了一点。"

这让我对什么是好的学校发展规划有了更多的思考。我知道专家们的意见是准确的,但我更清楚 2.8 万字学校发展规划形成的全过程。这份规划是由我们的一群老师认真撰写的,表述上难免不够规范,缺乏学术性,但是快乐校园确实是我们的共同追求。因此,这份规划看上去朴素,在我心里却有沉甸甸的分量,我更相信这是一份好的规划。理由有三:这是一份全体教师参与、商议认可的规划;这是一份基于事实、切实可行的规划;这是一份注重执行、寻求改进的规划。

(一)全体教师参加与多方商议认可

好规划是全体教师参与、商议认可的规划。学校把规划制定视为最重要的学期任务,特别制定了学期行事历,保障规划有序推进,以及精心设计了教师参与活动方案(见表1.3),调动教师参与积极性,尽量让每一个教师融入其中,表达想法,贡献智慧。首先,认真学习,学习上级教育规划以明晰方向,学习上一轮规划并讨论得失,学习其他学校优秀规划以汲取经验;其次,分工合作,全体教师自主报名参与规划制定的分项目小组,每个分项目小组定期组织研讨活动,开展交流讨论,进行思维碰撞;再次,交流研讨,规划初稿形成后,大家不断进行追问与突破,项目小组成员也反复提意见,不断改进优化。最后,更新完善,为了进一步完善学校新规划,扩大规划的影响力,凝聚多方力量,特开展在职教师、退休教师、教育专家、社区、学生家长等多层面的规划咨询工作,以及为了让全体行政人员明确未来工作,让教师明确未来发展方向,要求行政人员和教师围绕学校发展规划分别制定条线发展规划和个人发展规划,多措并举来落实学校发展规划。

犹记得当时一位教师对规划中的一个细节提出意见,有的教师认为是小题大做,但我建议大家认真对待,与其沟通并对规划加以改进,后来这位教师在情感上更加认同规划、理解规划,并能更好地实施规划。这件事情也让我更加坚信,只有自己参与的事情、自己付出努力的事情,才能够有知晓率,有认同度,有执行率,有好效果。

表1.3 学校新一轮五年发展规划制定的教师参与活动方案

共同寻找学校文化、共同构思学校规划、共同创造学校发展
一、活动目的 　　为进一步理清学校办学思路,明确学校办学方向,牢牢把握学校今后五年发展的趋势,加快发展步伐,学校需要对原来"快乐校园"的办学理念、办学目标进行重新完善、梳理。要求全

(续表)

体老师共同面对、共同参与、共同讨论、共同思考新五年发展规划的制定,通过系列活动来"共同寻找学校文化、共同构思学校规划、共同创造学校发展"。

二、参加对象

全体教职员工

三、活动安排

(一)活动开展总体思路

1. 通过对"身边的一个具有成功文化品牌的企业"的学习、参观、具体剖析、专家讲座,以及教师之间的交流、拓展活动等,进一步思考、梳理和完善学校的文化品牌——"快乐校园"文化的内涵,包括"快乐校园"的办学理念、办学目标,"快乐学生"的培养目标,"快乐教师""快乐教师团队""快乐管理团队"的核心文化等。

2. 在对"快乐校园"文化的内涵达成共识的前提下,进一步思考学校今后五年的发展,对环境、课堂、课程、德育、管理等每一个板块提出自己好的建议和设想,为学校的发展增添力量。

(二)具体安排

1. 拟定并讲解教师参与规划制定的总体方案。利用教师会宣传发动,营造教师积极参与的氛围。

时间:第三周周五

负责人:吴老师

2. 教师学习企业文化,撰写学习感受(选定企业:四川海底捞餐饮股份有限公司;学习方式:教师网上自主学习)。

时间:第四周、第五周内完成(第四周周一下发撰写表格,第五周周五下班前将完成表格上传至校园网 FTP 文件夹内)

负责人:年级组长(负责自己年级组内教师完成情况)

3. 教师感受企业文化,参观考察"海底捞"餐饮店。(方案另发)

时间:第四周周五

负责人:吴老师

4. 教师体验学校文化,开展"同一个团队,同一个梦想"——教职工团队拓展活动,目的是通过拓展活动来感受教师团队文化。(方案另发)

时间:第五周周五

负责人:吴老师

5. 教师思考学校文化,撰写学校各方面文化的核心词与具体内容(包括再次学习"我喜爱的老师标准集锦"等)。

时间:第六周、第七周内完成(第六周周一下发撰写表格,第七周周五下班前将完成表格上

(续表)

传至校园网 FTP 文件夹内)

　　负责人:年级组长(负责自己年级组内教师完成情况)

　　6. 举行快乐论坛:我们面对面,"青年教师成长记"交流活动。(方案另发)

　　时间:第六周周五

　　负责人:田老师

　　7. 举行快乐论坛:名师面对面,聆听专家报告(现代学校的文化建设和案例介绍)。

　　时间:第八周周五

　　负责人:薛老师(下发并回收聆听专家报告记录表)

　　8. 举行快乐论坛:名师面对面,聆听专家报告(体验职业快乐,创造幸福人生)。

　　时间:第九周周五

　　负责人:薛老师(下发并回收聆听专家报告记录表)

　　9. 教师思考学校规划,撰写教师对学校今后五年在环境文化、课堂文化、课程文化、德育文化、管理文化等方面的建议。

　　时间:第九周、第十周内完成(第九周周一下发撰写表格,第十周周五下班前将完成表格上传至校园网 FTP 文件夹内)

　　负责人:年级组长(负责自己年级组内教师完成情况)

　　10. 举行快乐论坛:我们面对面,"我同事的小故事"宣讲活动。

　　时间:第十二周周五

　　总负责:孙老师

　　注:关于老师们上学期写的"我同事的小故事"作如下安排:

　　(1) 完善、修改并出版成书。要求:原创;字数 600 字左右;自拟小标题。(时间:3 月 20 日前完成,负责人:教师本人和年级组长)

　　(2) 全体老师评选出十五篇"我最感动同事小故事"。(时间:3 月 20 日至 4 月 20 日,教师先在校园网 FTP 文件夹内自己传阅,然后统一下发评选表格进行评选,最终评出十五篇"我最感动同事小故事"。负责人:孙老师)

　　(3) 举行"我同事的小故事"宣讲活动。(时间:第十二周周五,负责人:张老师)

　　11. 交流研讨。(具体方案另发)

　　内容:(1)学习、体验四川海底捞餐饮股份有限公司企业文化的体会、感受。(2)思考学校文化,撰写学校各方面文化的核心词与具体内容。(3)思考学校规划,具体是对学校今后五年在环境文化、课堂文化、课程文化、德育文化、管理文化等方面的建议。

　　参加对象:全体教职员工(以年级组为单位)

　　时间:第十三周周五

　　负责人:年级组长(交流结束后,年级组长收齐教师交流的三张表格交校务办)

(续表)

四、活动要求
1. 全体教职员工要积极参与制定新一轮五年发展规划的活动,通过学习、考察、交流、拓展等系列活动,进一步完善、梳理我们学校"快乐校园"文化的内涵,思考学校今后五年的发展,为学校的发展增添力量。 2. 活动要讲究质量,确保实效。每次活动要精心准备,认真组织。 3. 注重资料积累,每次活动结束后,负责人要及时收集、整理、汇总各类资料。

(二) 立足事实与实践可行

好规划是基于事实、切实可行的规划。在全体教师智慧的基础上,我们选择各条线三分之一的教师组建了规划撰写组,安排每2周一次活动,经过一次次、一轮轮充分的学习、充分的研讨、充分的梳理、充分的修改,一学期后,规划终于初见雏形。令人感动的是大家在寒假期间依旧在思考、在推进,并且设计了寒假作业(见表1.4),只因为大家想实事求是,精益求精,打磨出自己能够做到的规划。

表1.4 学校新一轮五年发展规划制定的项目组寒假作业

任务	要求	结果
1. 思考提炼学校办学理念的陈述	围绕"快乐校园"的主题,如何陈述得更加精炼、准确	办学理念:
2. 思考提炼学校办学目标的陈述	既要吻合实际,又要有长远性的眼光	办学目标:
3. 思考提炼学校培养目标的陈述	1. 从"快乐校园"出发 2. 学习国家教育发展纲要提出的"核心素养" 3. 学习他人的一些资料 4. 要符合实际、突出特点,更要精炼好记	培养目标:
4. 在办学理念下还有很多内容需要陈述	1. 你认为需要哪一些内容为宜?比如:校训、校风、学风、学校文化、教师文化……	内容:

(续表)

任务	要求	结果
	2. 你觉得每一项内容用怎样的文字表达为宜 请你在学习其他学校经验之后,思考提炼你认为需要的内容,并用文字表达	
5. 负责文本的每个小组成员进行思考与提炼,罗列出主题思想、核心理念是什么	围绕具体主题,把核心理念陈述出来	内容:

(三) 注重执行与寻求改进

好规划是一份注重执行、寻求改进的规划。我们在确定规划后,首先就开展了对规划的重点宣传工作,通过各种方式对全体教职工进行规划的解读,希望让每位教师知道、熟悉、理解学校的办学理念、培养目标、发展目标等,以及学校将会做什么。其次就是开展五年学校发展规划系统学习活动,如教师阐述对办学理念的理解、撰写个人新一轮专业发展规划、邀请教师家属提建议等,让教师们知道规划制定好了,就一定要去落实、去执行,从而实现学校的改进与提升。

我很认可专家对规划的评价——普通而朴素,尽管它并不完美,并不高级,但并不影响它是一个好的规划,是一份高质量的规划,只因为它是人人参与、人人认可、人人落实的规划,而且其后五年,规划的改进与执行也确实带领学校真正跨上了新台阶。通过发展规划这件事,我收获的心得就是对未来要有整体性、长期性、基本性问题的思考,以及设计可在未来长期执行的行动方案,它可以很朴素,但我们一定要不忘初心。恰如李镇西老师所言:"教育是很朴素的事情,不要搞出多大的动静。就是认认真真把每一个班级带好,把每一堂课上好,把每一个孩子教好。守住一颗朴素的教育的心。"

第三节　入境——加强文化建设，是赋予，更是质变

学校文化是教师、学生、家长和管理人员通过共同努力，在处理危机和取得成绩的过程中逐渐创立起来的传统和仪式的复杂模式。该文化模式有高度的稳定性，对人们的行为产生重要的影响，并能塑造人们的思维、行为和感觉方式。[1] 理想的学校文化就是一种群体价值观念，是一种合作文化，表现为有共同的理想和信念，目标一致；有学习机会，注重人的发展；有积极评价，欣赏教师成就；有合作氛围，彼此互助互惠；有专业群体，共同学习成长。[2] 这种文化建设可以具体从物质文化(学校设施和环境布置)、制度文化(学校的管理制度和规则)、精神文化(办学理念和师生精神风貌)、行为文化(师生的行为)等方面着手，来增强学校的凝聚力、创造力和竞争力。

一个学校薄弱不仅体现在教学质量和社会评价上，也表现为没法凝聚内部力量，处于相对松散的状态，因此需要从培养教师对学校的认同、信念、情感着手，加强学校文化建设，提升学校软实力。关于如何提升学校文化，有研究认为学校可以通过加强校长的文化领导；树立规范意识，以制度促进学校文化建设；寻求特色，提升学校文化品位，从而让学校逐步有竞争力。[3] 也有研究认为基于品牌培育进行学校改进，是学校改进可资选择的一条路径。学校品牌是学校在长期的办学过程中经过物质、制度、精神等方面的积累和沉淀，逐步形成并为社会广泛认可、具有特定文化符号的一种无形资产。[4] 从中可见，基于学校文化进行学校改进，需要经历培育文化、认同文化、践行文化、创造文化的发展过程，是一个相对缓慢但有效的重要举措。

---

[1]　迪尔,彼德森.校长在塑造学校文化中的角色[M].王亦兵,译.北京:中国青年出版社,2006.
[2]　谢翌.关于学校文化的几个基本问题[J].外国教育研究,2005(4):20—24.
[3]　鲍传友.学校文化:薄弱学校改进的突破口[J].中国教师,2008(3):58—60.
[4]　胡振京,郑彩华.论基于品牌培育的学校改进路径[J].天津市教科院学报,2016(4):5—11.

一、培育文化：由外而内是渗透的力量

（一）学校文化培育的内涵

每一所学校都有其自身的文化属性，这种文化通过学校形象进行传递，从而增进人们对学校的了解，提升学校的整体形象。究竟如何提炼学校文化，阶段性更新学校文化内涵，甚至是形塑特色的学校文化，是每个学校文化建设必然会涉及的问题。其中学校文化的培育即特色的形成，是一项长期而复杂的系统工作。有研究指出需要关注如下方面，一是重点放在"人"上；二是注重特色，体现鲜明的个性；三是不断提炼和完善形成"目标文化"。[①] 也有研究指出要确定学校的发展目标、发展思路；发现、发掘办学优势和自身长项；梳理、反思学校的文化积淀；引领和培育学校文化；共同创造、发展和弘扬学校文化。[②] 作为校长不仅要知道学校文化培育的价值与路径，更要持续提升自身文化素养，有序推进学校文化建设，构建学校品牌和特色，彰显学校文化品位。

（二）学校文化培育的实践

我们走进一个学校，映入眼帘的就是学校设施与环境设计，它们时时刻刻从各个角度传递学校文化。孙桥小学搬入一个新校区后，我们确立了打造快乐校园的发展理念，那么，究竟什么是快乐校园？快乐校园文化如何建设？这些成了我经常思考的问题。

究竟选择哪条路径作为新校区文化建设的方向，打造快乐校园？我脑海中有几个选择，一是直接照搬，但容易有东施效颦之感；二是重新开始，但老校区的校园文化深入人心，无法直接取代；三是继承与发展，但尚不知道方向在哪。其中最受认同的路径就是传承与创新，那么，怎样传承老校区的传统美？怎样创建新校

[①] 孙长江.学校文化的培育与学校形象的塑造[J].安徽基础教育研究,2015(1):58—59.

[②] 杨志成.培育学校文化是学校发展的必然选择[J].人民教育,2009(8):15—16.

区的现代美？怎样新老融合美美与共？我有了这样的理念和思考，但具体如何实践推进还在探索中。正当我一筹莫展时，在食堂就餐听到两位教师的对话，王老师说道："校门口有这样一个难看的煤气堡真的是大煞风景，真不知道以前学校的设计师是怎么想的。"李老师回应道："我觉得现在学校做文化建设，就应该从这个煤气堡下手，好好设计一下，说不定能够化腐朽为神奇呢！"王老师直接抛出来问题："你说说，怎么处理才好？"李老师说："这跟我们有什么关系呢，他们想怎么弄就怎么弄吧。"这两位教师的对话深深地触动了我，学校文化建设不仅仅是学校领导的事情，更是关系到学校的每个主体，尤其是教师和学生的事情，我应该发动全校的教师、学生和家长共同参与学校的校园文化设计。

1. 校园外在文化的合力建设

"人创造环境，同样，环境也创造人。"美好的校园物态环境有着强大的教化力量和凝聚作用。但是，良好的校园物态环境并非只靠一两个特色雕塑、自然景观等就能实现，它应该融入每位教师的个体感受，彰显学校的个性特征，凸显校园文化的可辨识性与办学品位。因此，学校管理团队彻底转变了思路，将阳光校园外在文化如何建设这一难题，从一群人的苦思冥想扩展为动员学校所有教师共同破题，以人人参与项目的方式，引导教师合力推进校园的外在文化建设。

首先，成立了校园文化建设项目组，该项目涉及学校所有的文化建设领域，如学生活动区域、走廊文化、墙面文化、地面文化、食堂文化、环境文化等等……校园建设靠每个人，学校邀请每位教师都参与其中一个项目组，每位教师都承担学校文化建设的一个内容，每个人都有具体任务。我特意邀请了之前在食堂对话的两位教师加入煤气堡改建项目组，他们非常惊讶，几乎同时回绝："不行不行，我们没有什么设计能力。"我非常诚恳地说："你们能够发现煤气堡放在这个地方难看，就说明你们不仅关心学校的形象，也有很好的审美能力！不是说请你们设计，而是希望你们能够为这个设计出谋划策，出点子！这个煤气堡的设计是难点，但我想花一点心思，也许真的能够变成亮点！"他们两个人彼此看看，有些犹豫，我继续说："以后，每一次看到这个不一样的煤气堡，大家都会记得其中有你们的智慧呢！"最后两位教师勉强答应了："反正每个人要参与一个项目组，那我们就试一下吧。"

其次，学校为教师创设了外出学习参观的平台，如参观本区或外区的中小学、幼儿园、图书馆、科技馆、美术馆、公园绿地等，让教师在其间寻找校园文化的共同之处，思考快乐校园文化的未来走向。每位教师对快乐校园理念的理解越深刻，对快乐校园的建设就会更加用心，如此才能够创设一个学生喜爱、教师热爱的校园文化。

最后，在所有师生共同努力下，旧貌换新颜，把垃圾房变成了象征低碳环保的快乐大风车回收车；新校新气象，涌现出彰显快乐阳光文化的"快乐魔力墙""快乐心情墙""快乐游戏格""快乐成长墙""快乐城堡"……那个难看的煤气堡也实现了大变身，在外面加了一层可以移动的彩色保护壳后，变成了体现校园五彩生活的"快乐魔方"主题雕塑，成为展示快乐校园办学理念的核心雕塑，成为校园文化建设的最大亮点，而那两位教师也被学校教师们称为"最像设计师的教师"。当教师参与其中，把一处处空白变成一个个精彩的阳光文化设计时，教师对学校的热爱也就增加了，对快乐校园的理解也就更加深刻了，对快乐校园的认同感也就更加强烈了。

2. 办公室快乐文化的自主建设

当学校向教师们宣读自主创建办公室文化活动的方案时，没有人提出反对意见，于是我们就从学校外部环境设计推进到办公室快乐文化的建设，充分赋予每位教师设计办公室的自主权。教师们热烈讨论，有教师觉得新鲜，说："自己设计办公室，倒是第一次。"有教师觉得难度大，说："自己设计挺好的，但不知道如何下手。""办公室有点小，设计空间有限。"有教师觉得太忙了，说："我们语数英老师整天忙忙碌碌，还是由学校统一设计更好。"我们从言语之中能感受到没有一位教师反对办公室文化建设，这意味着大家都意识到营造办公室的快乐文化是有必要的，也是有益处的，关键是要寻找突破口，让教师看到这件事情不仅可为，而且令人快乐。

为此，学校召集了室长会议，集思广益寻找破解之法。有一位室长提议"要是有样板房就好了"，顿时为大家打开了思路，激发了教师设计自己办公室的灵感，最后一致推荐美术室和体育室作为试点,并同意形成团队共同参与样板房的建设和谋划。做出这一决定的原因在于美术教师有一定的专业能力,而体育组有着最杂乱的办公室,如果他们都能成功,其他学科组办公室就完全可以做到,这将给他们信心和动力。在会议上,大家就办公室文化建设特点达成了三个共识,第一,要围绕快乐校园的内涵;第二,要体现办公室学科特点,展现文化内涵;第三,要积极向上张扬个性,充分体现组室团队精神。共识既已达成,大家信心满满准备一试……

为了促进样板房成功创建,学校给予了一些政策倾斜,激发相应教师的参与热情。美术组教师率先实践,抛砖引玉,甚至利用休息时间进行设计、选材、购物、布局……从墙面的粉刷,到配件的安装,再到各种饰品的摆设,最后到花卉盆栽的点缀,都是亲力亲为,充满干劲。当一间温馨雅致、独具特色的办公室呈现在大家眼前时,大家满是羡慕,迫不及待地想要动手尝试。体育组教师发挥团队合作精神,有序推进。由于体育办公室在底楼,地面和墙壁都是瓷砖,略显阴冷,为了营造温馨舒适的氛围,他们决定铺上地毯,男教师勇挑重担,量好尺寸,跑建材市场选购地毯,并且把所有桌椅橱柜全部搬出,待铺好后再重新搬进去摆放整齐,可谓工程量浩大;女教师也发挥她们的特长,以敏锐的时尚眼光选购了样式新颖的摆设品,原来那些普普通通的球类、绳毽等体育用品都被摆出了花样来,让参观的教师们大开眼界,受益匪浅。样板房尚未完工,其他学科组办公室的改造就纷纷启动了,大家群策群力,一个个好建议、金点子应运而生,有的办公室把突兀的消防铁管包装起来并挂上了绿色的叶子,像一根长满嫩叶的榕树根垂挂下来;有的办公室设立了家长接待角,充分体现了教师们的人文理念;还有的办公室写上墙面语明志力行……慢慢地每间办公室都改变了模样,有了快乐文化的韵味,也有了全新的活力。

当办公室变成了大家所期许的模样时,有教师就提出来:"这么漂亮的办公室,是不是要有一个对应的办公室公约啊?"我笑着说:"这是多么好的想法啊,让快乐文化充分彰显。"每个办公室又开始集思广益,构思属于自己办公室的独一无二的公约,最终一个个原创的办公室公约就出来了,这些公约展现出了学校的快乐管理理念,让人感受到校长的人文情怀、服务精神和管理素养;也展现出了学校教师快乐的风采风貌,让人感受到教师的蓬勃活力、团队精神和专业素养。

通过人人参与快乐校园和快乐办公室的设计、讨论和改造,校园里的每个角落都充满了快乐元素,每间办公室都变得整洁美好、舒适温馨、富有特色,许多办公室摆放着赏心悦目且富有内涵的书法作品:第五办公室的"快乐+爱=希望",总务处的"努力用心,为民服务",文印室的"请节约每一张纸",卫生室的"你的健康,我的心愿"……这些简短而富有哲理的语言表达了教师对生活、对工作、对学生的热爱。我的内心是舒畅的、满足的、快乐的,原本只是想解决文化建设的事情,没想到在这个过程中有了意外的收获。在校园中装饰着快乐文化,不知不觉找到了内心的快乐。恰如一位年级组组长所言:"建设的结果是快乐的,因为美丽;建设的过程更加快乐,因为合力的时候,快乐校园自然而然就种植在每个人的心间。"诚然,整个快乐校园文化建设活动的成功离不开每个教师的积极参与和团队之间的精诚合作,全体教师在参与的过程中都经受了一场阳光文化的洗礼,不仅更加认同快乐校园文化,更是亲手创造了快乐校园,让快乐文化深入人心。

3. 快乐团队文化的实践探索

教育是文化与人的双向建构,人创造文化,文化发展人,人的成长需要文化的滋养。当阳光校园的外在环境布置得越来越美时,教师走进校园就可以感受到一种温暖与温馨共融、一种温润与温情携手的文化,归属感、认同感、幸福感油然而生。基于这样的背景,学校开始聚焦快乐校园的内在文化建设——课程的体现、课堂的体现、管理的体现。关于如何开展学校的内在快乐文化建设,我们依然将其交给学校教师,以各种形式凝聚快乐团队,以各种平台发展快乐团队,真正走向快乐校园的发展方向。

首先,学校成立了一系列快乐课程团队。快乐课程团队分为快乐节日组、快乐社团组、快乐社区资源组等,全体教师在团队的合作下规划、设计、推进这一系列课程。快乐节日组的教师会策划举办每月一节——"我与春天有个约定"学科节、中小幼互动节、视界读书节、爱心义卖节等,并逐步形成稳定的体系。如我们让五年级学生到中学体验生活,又到幼儿园回忆童年生活,给了学生成长的情感体验。快乐社区资源组的老师围绕学校所处社区的特性展开"高科技"主题探究课程,他们走访张江高科园区内的一家家高新企业:现代超级计算中心、集成电路科技馆等等,与企业合作,不断挖掘、梳理可用的优质资源,编成各年级的教材,然后带领学生做课题研究实践。

其次,打造一个个快乐教学团队。快乐教学团队包括紧密型主题性教研组团队、信息领衔团队、青年飞翔团队、互学共进校际结对团队等,教师全体参与快乐课堂的实践研究。互学共进校际结对团队开展了热火朝天的教学研究;信息领衔团队经过不断实践,在浦东新区获得领先发展地位,浦东教育专栏对此作了专门介绍。青年飞翔团队每2周举办一次丰富多样的教学培训获得成效,在浦东新区作了全面展示。一个个积极向上的教师团队在教育教学的实践研究中把快乐校园的内涵挖掘得更深,真正形成了学校快乐、健康、向上的文化氛围。

再次,在学校管理方面,学校组建了师生爱心结对团队、快乐论坛团队、快乐生活团队等等。爱心结对团队与孩子的结对深入在每一天;快乐生活团队中的羽球沙龙每周邀请专业教练进行专业培训;还特意邀请教师的家人来学校参观,了解我们的工作,为教师加油。

这次学校文化培育历程让我深刻地意识到新校区的校园文化不能是"舶来品",也不能是"装饰品",而应是独特而富有内涵的"自创品"。创建新校区校园文化的道路有千万条,学校最终选择了一条快乐大道——共同寻找快乐、共同创造快乐、共同体验快乐、共同感恩快乐。阳光,就在我们学校的墙壁上,就在我们教师的心坎里,就在我们学生的笑声中⋯⋯

※快乐办公室的公约

我们的办公室公约(枚举)

(一) 校长办公室的公约

1. 种几盆绿植,让办公室保持绿意盎然。
2. 每周进行办公室的整理,舍去不必要的东西,保持办公室的精简。
3. 对每一个来访的人员,先认真倾听,再做出评价决定。

4. 多走出办公室,到校园中,去观察、去了解、去沟通。

5. 保持学习的状态。

6. 保持反省的习惯。

7. 保持积极乐观的心情,快乐工作。

(二)校务办公室的公约

见面问好促友情,笑口常开好心情;

勤理书案爱清洁,随手关门保平安;

闲来读书真雅趣,呵护绿化显爱心;

节约水电高素质,爱校如家见行动。

(三)第二办公室的公约

1. 不强调"我",强调的是"我们"。

2. 我们彼此欣赏,彼此包容,互相补台。

3. 我们有事当面真诚沟通,不背后或私下议论。

4. 我们讨论时可以激烈思辨,定论时必须统一声音。

5. 我们相信办法总比困难多,营造乐观情绪。

6. 我们相互督促不自满,一直保持努力前进。

7. 我们积极工作,但也要积极组织并参与运动、活动。

8. 我们爱自己、我们爱彼此,我们爱每一个学生。

(四)第八办公室的公约

朋友,你见或者不见我,微笑就在那里,只为等你!

孩子,你欢笑或者哭泣,你的手就在我这里,不离不弃!

添一份绿意,串联成美好的园地。

留一丝惬意,拼凑出健康的活力。

敞开心怀,用爱传递幸福的定义。

携起手来,用情融化苦涩的经历。

来我的身边,或者让我住进你的心里。

快乐工作,幸福生活。

二、认同文化：由内而外是浸润的力量

（一）学校文化认同的内涵

学校文化是由学校所有师生共同培育的,反之学校文化又会对每位师生产生熏陶、约束和教化的作用,其目的就在于产生、促进和加强师生们的学校认同[1],让大家慢慢地能够认可、接纳和欣赏学校的文化,并在学校生活中形成相对稳定且一致的符号系统,有益于塑造先进的学校文化,有益于凝聚学校主体的思想意志,有益于激发学校主体的向心力和创造力。[2] 当学校文化获得认同,就会慢慢传播开来,在潜移默化中影响更多的人,切实提升学校办学水平和办学层次。

（二）学校文化认同的实践

上南实验小学提出的学校办学理念是"阳光教育",学校文化是"打造阳光下的快乐家园"。阳光校园最需要阳光品质的教师,阳光品质的教师最需要拥有阳光的心态。为了让教师能够以阳光心情开启每一天的生活和工作,学校做了如下几件事情。

第一,让每一个教师写下属于自己的阳光心语。在刚布置这个任务的时候,大家不以为然,等到撰写的时候,大家却全神贯注,十分投入,在静静地思考中,把自己内心的真实想法都表达出来了。每个教师写的格式不一样,长短不一样,很有自己的风格,但都很快乐。与此同时,我们还收集了学生的阳光心语。

第二,请专业公司把每一个教师的阳光心语用精美的镜框装饰好,然后张贴在校园的各个墙面上。远远看上去这些阳光心语都是一个心形的形状,诉说着全

---

[1] 石中英.学校文化、学校认同与学校发展[J].中国教师,2006(12):4—6.
[2] 马爱莲.论学校文化建设中的认同教育[J].长春师范学院学报(人文社会科学版),2008(3):122—125.

体师生对阳光校园的朴素理解和真实表达,让大家浸润于阳光心情之中,内心自由而充实。

第三,在每一次全教会上请三位教师轮流交流自己的阳光心语。一开始先由校长和行政人员带头分享,大家就慢慢习惯了。同时,明确了分享的要求,即介绍自己的阳光心语时,需要配上合适的图片和音乐,大家也从开始的扭扭捏捏到后来的落落大方,再到后来教师分享洋洋洒洒的阳光故事。每一次分享不仅营造了良好的校园环境,更是改变了每个人的心境和心情。

第四,所有教师的阳光心语都被打印制作成精美的画册,发给教师。我也会在很多接待、活动、展示、会议上,向与会者赠送和介绍这本册子,也会在适当的场合引用不同教师写的阳光心语。

这一系列举措的实施,只因为教师的阳光心语是一种内心的折射,是一种内心的期待,是一种珍贵的礼物。只有进行更多的分享,才能把阳光心语分享给更多的人,影响更多的人,让阳光心语种植在每个人心中,慢慢内化成为外在的行为,积极影响教师的全人发展和学生的全面发展。

※教师们的阳光心语

学校向全校教师征集"阳光心语"。在这个征集令上,教师会看到学校的办学理念——阳光教育,以阳光之心育阳光之人,会看到学校的办学目标——打造阳光下的快乐家园,从而围绕办学理念和办学目标,写下每个人所理解的"阳光心语",这些心语聚合在一起,能够彰显学生阳光品质,激发教师阳光情怀,提升学校阳光文化,从而把学校办成教育创新的实验校、特色鲜明的品牌校、精神文明的示范校。

走在上南校园里,我们能看到"脸上有笑容,心里有阳光""在快乐中主动学习,在学习中体验快乐""寻找适合的色彩,创设彩色的人生""家的温暖,爱的情怀""美好家园,共同创造"等阳光心语,我每每看到这些内心就会感觉温暖、快乐、幸福。同样让人感动的就是校园走廊里发生的一个暖人故事,看见周老师走在前面,杜老师走上前打招呼说:"周老师,今天要谢谢你!"周老师一脸不解地问:"啊?

为什么?"杜老师回应道:"我今天早上出门时心情不好,去上课的路上看到二(2)班教室外面墙壁上有你写的一句阳光心语——快乐需要自己寻找,阳光就会洒在身上。我一下子豁然开朗,心情变好了,开心地去上课了,今天孩子们也比较乖,上得挺顺利的。"周老师非常惊讶:"这是真的吗?"杜老师说:"真没想到这些阳光心语这么有用,无意间看一看,心情就真的能够变好。"阳光心语洒在校园里的每一个角落,让看到的人有触动,感受到生活的美好,收获生活的能量,赋予生活以信心。笑意挂在脸上:一瓣心香——常常笑笑,热爱每一个孩子,用阳光温暖心灵;爱意藏在心间:一往情深——天天开心,热爱孩子每一天,用生命感动生命。

三、创造文化:内外平衡是生长的力量

(一)学校文化创造的内涵

学校文化并非是一成不变的,而是会在学校实践的沃土上成长和发展的,可能会在优秀传统文化基础上进行丰富和拓展,也可能会因时而异孕育和滋生全新的文化。这样的改变无关好坏,关键在于更适合社会发展的现实要求,更适宜学校的发展现状,更适切全校师生的内心需求。当这种新生的文化能够以师生的利益为出发点,它就会获得更多师生的接纳、欣赏和认同,并在师生的诸多实践行动中得以充分彰显,具有增强凝聚力、提升自信心、建立核心关系的作用,为形成强大的学校团队和推动学校的健康发展奠定坚实的基础。

(二)学校文化创造的实践

校庆作为一种对内鼓舞人心、对外宣传文化的活动手段,是学校发展里程碑中的一件大事。每个学校都会在一些时间节点上举行校庆,上南实验小学建校60周年,大家对是否举行校庆活动并无疑问,一致认为应该举行。但当我问及怎么办一个不同寻常的校庆,办出校庆的意义与价值,进一步彰显学校文化内核时,大家就不无困惑了,绝大多数人都单纯以为校庆就是一台演出。因此头脑风暴随即

产生。我们先想到的是组建一个智囊团,由智囊团为此次校庆活动出谋划策,有了负责的团队,事情就容易一步步得以推进,而我也为校庆做了一次前期动员讲话(见表1.5),与智囊团队一起就办校庆为何、如何、重点等事宜达成观念上的一致,以观念促进行动的一致。

表 1.5　在学校 60 周年校庆筹备会议上的动员讲话

> 今天,是 9 月 27 日,这个日子很普通,不过作为筹备上南实验校小学 60 周年校庆的第一天,今天还是值得记录的。从今天起,我们正式进入 60 周年校庆的筹备工作……
>
> 1. 为什么办校庆?想清楚为什么办,我们才有动力去办校庆——第一,让自己更了解自己。在了解中增加认同度,在参与中增加凝聚力。第二,让别人更认识自己。在认识中提升知名度、增加自信心、体悟成就感。
>
> 2. 怎么办校庆?想明白怎么办,我们才能高效地办校庆——四个全,即全员参与,全年布局,全面展示,全程精彩!
>
> 我知道很多学校都举办校庆活动,但可能很少有学校提早一年做校庆准备,不过我觉得现在准备还是晚了一点,因为我们对校庆的要求有点高。我们希望整个校庆跨度为一年——校庆是在新年之后就拉开序幕;校庆展示涉及各方面内容——从教师到学生再到家长,从教学到德育再到管理,从校内到校外,而且要力争都能达到最精彩的状态!面对这么高的要求,其实对我们而言,一年的准备时间还是很紧张的。
>
> 3. 在校庆的筹备过程中,我最看重什么?——首当其冲的是"四个全"里的第一个全,全员参与。这也是我们成立中心筹备组、项目筹备组的原因之一。
>
> 有一些学校可能会将校庆活动交给一个专业的公司,做一场演出,演出很精彩。也有一些学校是由几个行政人员再加几个艺术老师进行一场活动,也可以很精彩。这些方法都是可行的,但是这都不是我们想要的校庆模式。我希望每一个教师、每一个学生都能参与进来,举办属于我们上南人自己创造的校庆。它可以不是最精致的,但是属于我们自己的上南制造,所以一定是精彩的!
>
> 4. 我们为什么要成立中心筹备组、项目筹备组?只有凝聚一群人,才能做成一件事情——中心筹备组主要是负责前期的大局思考,一起讨论、谋划和统筹校庆应该怎么做,把握校庆的实施方向;项目筹备组主要是负责后期落实项目,具体落实其中某项校庆工作,保障校庆的顺利推进。诚然,很多中心筹备组成员在完成前期任务之后,就自动成为项目筹备组成员,甚至是领衔之人,去推进项目落实,确保每个项目能够保质保量完成。
>
> 5. 怎么选择中心筹备组?——校级领导一起郑重商议,选择了各个层面最值得托付的教师进入中心筹备组,就是现场的各位。今天的会议目的,也就是告诉大家,学校把校庆的重任交给你们了,辛苦你们了,在正常的工作之余还要为校庆出谋划策。当然,更要告诉大家的是,校庆能否成功举办,你们是最关键的人!校庆的成功就靠你们了!希望你们贡献出最强大

(续表)

> 脑,更多智慧,打造2019上南实验小学最精彩的篇章!
> 6. 今天,我们中心筹备组成立了,就要开始工作了,我们都知道,思考并不是一次性的,而是思考越多,想法才越成熟。今天,我们第一次会议的主题就是——漫谈。大到一个庆典活动,关键是主题词,小到一个细节,看到的、听到的、想到的,都可以进行思维碰撞,没有对错,只有不断碰撞与发散,才会产生更好的想法。后续,我们会一直不断地碰撞……让我们一起开始我们的漫谈吧……

中心筹备组开展了一系列工作,先向全校教师搜集校庆的金点子,再是集中学习50年校庆的举办方式,发现金点子中的亮点所在,以及学习其他学校校庆的优点所在,然后进行头脑风暴,不厌其烦地就60周年校庆方案进行反复碰撞,最终我们有了一个不一样的校庆方案,校庆主题是"上南正阳光",设计了"春之歌、夏之韵、秋之果、冬之恋"四季活动,分为四大板块"报刊宣传篇——阳光家园、学术研讨篇——阳光论坛、学生成长篇——阳光少年、教师发展篇——阳光行者"的系列活动,充满温暖。具体有"暖心上南、青春上南、可乐上南、灵动上南"等共计50多项活动,覆盖整整一年。

校庆是属于大家的活动,只有所有人都参与其中,才能积聚力量,有力推进。各个条线的教师、全校的学生都参与其中,50多项活动都有条不紊地按照预定的时间推进。无论是单项小活动,还是大型展示活动,或是整个校庆,在所有人的共同努力下,所有活动均获得了高度认可,尤其是学校师生对校庆的认可。5月9日19:59,全体上南师生共同做了一件事——"爱上南,我接力",即通过微信朋友圈接力的方式祝福校庆60周年。全体师生发布一样的主题句,两张一样的照片(阳光下快乐家园的办学理念的雕塑、60年校庆的字样),还有一张不一样的个性照片(自己与上南实验小学有关的一张照片),一起体验上南校庆的欢乐氛围,为上南60周年献上自己的一份祝福。那一刻,我感受到了师生们的自信心、创造性、凝聚力和执行力!那一刻,我也感受到我们的心是在一起的,共同盼望着上南实验小学的明天会越来越好!那一刻,我也相信学校的文化在校庆中得到充分的彰显,阳光校园也慢慢深入人心了!

※学校校庆活动方案

上南正阳光
——庆祝上南实验小学建校 60 周年系列活动

第一篇章　春之歌

板块	主题	形式与具体内容	时间
阳光家园（宣传篇）	我爱上南	三校区 I LOVE SN 雕塑揭幕	2月
	绘画上南	吉祥物征集（小南瓜）	3月
	可乐上南	师生祝福语征集	3月
	阳光家园	校庆宣传片拍摄	4月
阳光论坛（学术篇）	十年阳光路	《现代教学》专题报道	4月
	阳光领跑者	《浦东教育》人物专访	5月
	青春耀上南	各学科新区研讨活动，如：4月美术学科区级研讨活动	4月
	名师进上南	邀请各学科名师上课、讲座	4月
阳光少年（学生篇）	了解上南（序幕）	开学典礼主题——敲锣打鼓庆新年，欢天喜地迎校庆（通过开学典礼了解上南实验小学的历史）	2月
	上南LOGO	全体学生在"年轮"上设计60年校庆	2月
	加油上南	学生校庆足球嘉年华开幕式及系列比赛活动	3月
	添美上南	学生新校服征集设计稿	4月
	我在上南	双休日家长与学生一起走进校园拍摄照片——我在上南——最美景观	4月
	歌唱上南	班班有歌声，结合每个年级的阳光少年成长记	3月起
	阳光少年成长记（结合校庆）	四年级：担当的少年——亲子社区公益走	3月
		一年级：勇敢的小孩——亲子趣味运动会	4月
		三年级：活力的十岁——亲子互动实践节	4月

(续表)

板块	主题	形式与具体内容	时间
阳光行者 (教师篇)	行者·追光·向南(开幕式)	校庆开幕式暨新区课题和新优质课题展示	4月
	甲子林	三林校区校庆植树,以入校年度分组	3月
	奔跑吧上南	教师团队拓展活动,徒步滨江完成任务	4月
	美在上南	美在上南校庆摄影活动展示	4月

第二篇章 夏之韵

板块	主题	形式与具体内容	时间
阳光家园 (宣传篇)	爱上南,我接力	微信接力活动:全体在职教师、退休教师、学生通过微信转发3张图,2张相同照片(一张60年校庆字标,一张学校典型图片),一张自己在上南校园里某个位置的不同照片	5月9日
	祝福上南	师生校友天南海北拍摄祝福上南的视频(抖音)	7、8月
阳光论坛 (学术篇)	名师进上南	邀请各学科名师上课、讲座	5、6月
	青春耀上南	各学科新区研讨活动	5月
阳光少年 (学生篇)	加油上南	校庆足球嘉年华闭幕式	5月
	暖心上南	六一——公益活动,捐赠活动	6月
	阳光少年成长记(结合校庆)	二年级:自信的领巾——入队仪式	5月
		五年级:飞翔的未来——毕业典礼 拍摄毕业集体照(A 传统式;B 创意式)	6月

第三篇章 秋之果

板块	主题	形式与具体内容	时间
阳光家园 (宣传篇)	阳光隧道	三林校区外围广告牌、60年校庆文化墙	9月
		10年之路的校庆回顾手册——师生每人一份	10月
阳光论坛 (学术篇)	上南·尚楠	《尚楠》校刊首发	9月
	智慧上南	学术展示:学校教学综合主题展示活动	10月

(续表)

板块	主题	形式与具体内容	时间
阳光少年（学生篇）		浦东研训专刊发布	
	名师进上南	邀请各学科名师上课、讲座	9—11月
	爱我上南	开学典礼——我爱上南，天长地久（通过开学典礼了解上南10年阳光路）	9月
	灵动上南	航拍"60"的祝福字体	10月
	印象上南	学生设计环保袋或者笔袋（明信片）	10月
阳光耀上南（教师篇）	回忆录播室	1. 拍摄退休教师的集体照、个人照；2. "老照片的故事"交流会。	9月
	全家福	全校集体照，年级组集体照（5个颜色），办公室合影，学科集体照，个人照（校服）	10月

第四篇章　冬之恋

板块	主题	形式与具体内容	时间
综合篇	阳光盛典（闭幕式）	校庆闭幕式暨迎新音乐会	12月

第四节　入微——发扬细节力量，是凝聚，更是量变

如何管理好一所学校，是一门学问，更是一门艺术。校长在日常工作中头绪很多，纷繁复杂，有时候容易抓大放小，忽视细节；有时候容易只注重事，忽视了人，导致管理失效，未能达成预期效果，这都是需要我们反思的，要明白管理无小事，凡事皆育人；要领悟细节管理，提升管理品质。校长通过精细化的学校管理，寻求发挥细节的力量，正所谓"不积跬步无以至千里，不积小流无以成江海"。

我们知道要进行细节管理，更要知道为什么要进行细节管理，才能够窥其奥

秘所在。首先，关注细节意味着校长要坚持以人为本的管理方式，在管理中能看到人、重视人、发展人，关注学校里的每一位师生，了解他们的内在诉求和真实想法，解决他们的疑难问题和发展问题，帮助他们实现个人最大化程度上的发展。其次，关注细节意味着校长要坚持细节管理的策略，加强过程管理，不仅给予既定的目标和任务，同时在过程中予以关注和支持，助力团队达成目标。在管理中能够精益求精，不断追问是否可以做得更好，是否可以做得更有特色，激发团队成员的创造力和想象力，推动学校形成特色形成品牌。最后，关注细节意味着校长要具备文化育人的管理智慧，在管理中重视关键的细节，形成对细节的品质要求，建立细节管理的制度，从而让每个人都能够重视自身的工作，看到自身工作的价值所在，努力达到最佳状态，所有人汇聚在一起就会变成促进学校快速发展的强大力量，并且润物细无声，让每个人都树立正确的观念。

我们认识到细节管理的重要性，知道任何大事的成功都源于一件件小事，知道一所学校的竞争优势关键在于细节管理，这就要求校长提升自身的管理智慧。或是通过自我学习，或是向优秀的学校取经，或是在实践中积累经验，或是加强自我反思，等等，都将有助于校长尽快成熟起来，懂得学校管理规律所在，从而改进管理方式和转变管理行为，不断提升学校管理水平，提升学校办学质量。

一、常态化地做好一件小事

校园里每天会发生很多事情，以什么样的心态去面对和处理这些事情，关系到这些小事是否能转化为教师培养和学生培育的契机。如果能够重视日常小事，我们就不仅可以把工作做得更有品质、更有成效，还能提前解决隐藏的风险。我们应该坚持做好日常每一件小事，把事事都放在心上，比如，多去关心或关注学生身体锻炼，或是关注学生如何洗手，或是关注学生开窗，或是关注学生就餐，等等，多一点关心就会让孩子多一份安全、多一点成长。

我曾经入职的园西小学的陶校长，让我认识到校园里无小事，事事皆学问。在学期临近尾声时，教师们中午都在教室里争分夺秒地给学生补习知识，突然收到通知:"紧急会议,全体班主任都到会议室开会。"教师们看到信息后纷纷赶过来,有的教师手中拿着粉笔,有的教师手中拿着书本,有的教师手中还拿着试卷。大家到会议室后,发现陶校长已经坐在主席台,表情严肃,看起来很不高兴。他说:"我们安排了冬季跳绳、踢球、踢毽子,明确要求每天中午全体学生出来练习。可是今天,操场上只有两三个班级的几个同学。"大家面面相觑,没有说话。其实大家心里都很有意见,心里想着都要考试了,谁有心情去操场上运动,但是又不敢说。校长紧接着又说道:"让所有学生马上都出来练习,行政人员每天都要检查,到操场的班级有多少,哪个班级在教室里不出来,我来一一谈话。""大冬天的中午,一定要让孩子们出来动一动,你们总是从早到晚把孩子关在教室里做作业,作业有做完的时候吗?身体不好,学习还有什么意义?我把跳踢拍放在学期末,就是为了不让孩子一直学习,做卷子。这个要求必须执行,纳入各个班级考核,纳入班主任考核,如有哪位教师不执行,就纳入学科教师考核。"为了让这件小事坚持贯彻下去,每天中午的例行检查也一直存在,于是操场上充满了孩子们的欢声笑语。像这样的紧急会议,陶校长召开过很多次,每一次的主题都是被我们忽视的地方。

陶校长还教班主任如何分三步教学生洗手,第一步,挤出洗手液,记住要像黄豆那样小。因为水池边的洗手液总是很快就被用完了,有的孩子总是会挤出来很多,造成浪费。第二步,按照洗手的步骤把手心手背都洗干净,因为有的孩子只是沾个水就算是洗了,但洗得并不干净。第三步,在水池里甩手5下,因为很多孩子洗完手就出去了,地上都是水渍,湿湿滑滑的容易带来危险。又比如陶校长会教班主任如何教学生开窗户,一是早上先到班级的学生,要开窗透气,因为教室关了一夜,一直不开窗,不利于身体健康。二是开窗必须开到180度紧贴墙面,因为窗户不开直,走廊里的学生就容易撞上,后来他就带着行政人员一个个班级检查开窗情况。陶校长还会教班主任如何教学生摆放扫帚、如何盛饭盛汤、如何倒剩饭剩菜……陶校长一定会每年举行很多有趣的活动……。像这样的事情很多,陶校长所关心的每一件小事,对于学生们来说都是成长的大事,或能培养良好的生活习惯,或能掌握一定的生活技能,或能学会换位思考,慢慢地学生们就在这些小事中改变与成长。

难能可贵的是,他不仅做到了对小事的关注,更是持之以恒地推动这些小事一件件落实。我从青年教师成长为一名管理者后,开始真正懂得了陶校长的用心良苦,也开始慢慢地关注校园的小事,想来这就是传承与发展,这就是始终把孩子放在教育的核心位置。

二、持续性地做好一件小事

从一件小事做起,把一件件小事做好,日积月累就会做成一件大事,这就是坚持的力量,时间的力量。不管是一个国家,还是一个学校,或者是一个个体,当有了目标的引领,有了梦想的支撑,就会充满无穷的动力,会持之以恒地去突破,从而实现更好的发展,塑造良好的形象。

2022年北京冬奥会备受瞩目,我作为一个屏幕前的观众,为祖国能够举办这样的体育盛事而自豪,为冬奥会上运动员的奋勇拼搏而震撼,为冬奥会的精彩瞬间而感动,运动员们锲而不舍、永不言弃、突破自我的精神始终在感染着我,鼓舞着我。每一个运动员都值得我们铭记,值得我们点赞。同样可敬的就是从小孕育这些梦想的人,从小培养这些运动健儿的人,把为党育人、为国育才作为学校教育的使命的人。

谈到这里,我想分享自己在教育部国培计划校长班培训时的见闻。参加国培研修班的校长都特别优秀,大多是一个区域教育界的领衔人物,不仅学校规模大,名气也非常大。所以,当我们被安排参观地处北京石景山的一个特别不起眼的学校——电厂路小学时,我是不解的;当我们在走进这所非常小而简单的学校时,我是好奇的;当我们知道这里只有300多个家住附近的学生,20多个老师的时候,我是吃惊的。体育出身的薛校长介绍了学校的发展思路,由于学校靠近冬奥会场馆,近几年来一直以冬奥文化作为办学的切入口,充分利用周边资源,开设拓展课程,这是极其正常的事情,所以我看到校本课程,不吃惊;看到极小的奥运展示厅,也不吃惊;看到操场上冬奥会的一些项目体验,同样不吃惊。但是随着校长介绍的越加深入，走过的地方越多，我发现学校的角角落落都是冬奥文化，听到20多个教师在正常工作之余，可以全面地投入冬奥拓展课程设计，而且开出课程时；听到300多个学生全部能体验多个冬奥项目，而且玩得精彩纷呈时；看到校园最简陋的地方，竟然是学校投资上百万的冬奥实体训练项目场地时；看到这个学校参与过所有冬奥项目，学生与参加冬奥会的中国运动员互动，有的就像朋友一样熟悉时；看到学校从感受奥运项目到感受奥运精神、奥运文化的深度拓展时；看到全国乃至全世界的媒体都来到这个貌似不起眼的学校进行采访报道时；看到薛校长成为冬奥火炬手一员，在冬奥运动会结束时还作为优秀代表获得习近平主席的接见时，所有这些听闻见闻放在一起的时候，我发自内心地佩服这位憨厚的薛校长了！

薛校长说了一段话，让我记忆犹新。"一开始，我们不知道做什么，也觉得做不了什么。后来慢慢地，我们觉得不仅仅是在做一个项目，而是发现我们的老师、我们的学生都变得不一样了。我发现了其中的教育乐趣所在，然后就坚持做，做得越久，思考越多，就越来越不一样了，就越有特色了。"坚持把冬奥文化融入和渗透到办学过程中，从文化建设到特色项目建设，再到整体课程建设，师生在参与的过程中都会获得快速发展与成长，也会让一个北京的小小的学校从默默无闻做到全国闻名。

这个故事再一次证明，在学校里坚持做一件事情，是多么可贵；坚持做一件正确的事，是多么重要！这不仅需要学校管理者有坚定的信念和长远的眼光，更需要师生的充分支持和深入参与，唯有如此，才有可能让一件事情变成有意义的事情，有价值的事情，在做事情的过程中育人，实现人的发展；在做成事情的同时铸就学校品牌，形成学校特色，并充分地展示学校形象。

三、创造性地做好一件小事

细节可能是显性的，是常规的，就容易被关注到，关键在于坚持做下去；细节可能是隐性的，是陌生的，就需要留心去观察去发现，关键在于创造性地去面对。

有时候把握好一个细节,恰当地去处理,不仅能让细节打动人心,更能让细节凝聚人心。

　　当遇到教师之间的冲突时,如何把握好度,智慧化解矛盾,就显得非常重要。在我听到李老师和行政人员数次发生冲突后,就一直想着什么时候以什么方式去解决。第一次矛盾就是因为李老师没有遵守规定,迟到了,行政人员看到后就和李老师在走廊中大声嚷嚷起来,后来还气鼓鼓地找我告状,我说下雨天可以理解,我以为事情就解决了,但两位教师都把这件事放在了心里。第二次矛盾也是因为一件小事,大家又争论起来。李老师走进办公室跟我说:"校长,有时间我找您谈一下。"我说好的,之后心里一直记得这件事,但恰逢当时比较忙,就一直没有提上日程。第三次矛盾发生后,我早上刚到办公室,李老师就冲进来,跟我强调:"校长,我知道您忙,但是您一定要找时间跟我谈谈。"我抱歉地说:"我应该提早安排。"他说:"不着急,但我需要一点时间。我有很多事情要讲,如果可以的话,沟通的时候可以喝杯咖啡。"我能看得出他很生气,但也很克制,就回应说:"好的,我记下来了,一定安排。"

　　到了下个周一,我安排好一周的工作,看了一下李老师的课表,和他微信约好周三沟通,李老师说:"周三上午八点半,我自备咖啡,如果谈话过程中您有事的话,可以随时结束谈话。"如此说,他是非常体谅我的忙碌。我说:"第一,可以允许我请你喝杯咖啡吗?第二,如果突然有重要的事情,要中断或结束谈话,一定请李老师谅解。我也尽量避免此事发生。"(我希望一杯咖啡能缓解下气氛,我也知道谈话中断很不礼貌,提前说出来,就是不希望有误会)随后我追问道:"你爱喝什么咖啡?请你喝咖啡就要喝你喜欢的口味。"李老师坚持说:"我自备咖啡,换个时间您再请我喝吧。"我只好同意了。等到周二时,我在另一个校区,看了李老师的课表,看着时间给他下单了一杯咖啡外卖,我希望这杯咖啡到他手里的时候是温热的,然后给他发了一条微信:"李老师早上好,对于不喝咖啡的人来说,真没想到拿铁里竟然还有那么多品种,只能给你点最简单的一款,也不知道对不对。你下了课,咖啡也就快到了,记得到门卫室自取一下。明天你坚持自带咖啡,所以今天请让我先请你喝一杯,希望给寒冷的日子里增添一点温暖,让普通的日子也快乐。

那个正儿八经喝咖啡的小目标,一定会记得,到时请你指点指点如何喝咖啡。"下课后,李老师回复:"校长,我这个性情中人,被你感动了。我上课不带手机进课堂,所以没接到送餐电话。刚刚下课,翻手机才看到,咖啡送到了,不管是哪种拿铁,此时此刻唯有温暖和感动。"我回复:"说心里话,我给你点一杯咖啡,自己也觉得很高兴。人与人相处之间的一些感觉,就是这样神奇。"他表示认同,说:"情感是纽带,感情是催化剂。"有了前两天良好的沟通,我们周三的沟通就在相互信任的基础上开始了,整个过程非常顺畅,心情也非常愉快,事情也都得以顺利解决。等到谈话临近尾声时,他说了一句非常重要的话——很多事情都不是什么大事,只要彼此认可了,信任了,就都对了。

这一件看似非常棘手的小事,不仅要在表面上解决,更需要在心里达成认同,这就离不开问题解决的艺术,离不开情感上的沟通。当建立了良好的情感,彼此间有了信任,一切就水到渠成了,我们在更加愉快的氛围下,采用了更加高效的方式,达成了理想的沟通效果。

第五节 入我——提升内涵修养,是修炼,更是蝶变

校长作为学校的领头羊,就是要具备在实现学校发展愿景、推动学校不断改进的过程中影响全校教职工和以学生为代表的利益相关者的能力[1],要让校长、教师、行政人员以及学生等多个层面的人员获得共同发展,促使学校改进中的多主体发生积极的变化。[2] 这意味着其自身优秀程度以及领导力水平决定着学校发展的高度。校长要想提升自身领导力,不仅要知道自己朝着什么方向努力,也要知道自身是如何发挥作用的。只有持续通过学习提升自我的校长,持续通过自身努力实现学校多主体共同发展的校长,才有可能推动学校高质量发展。

---

[1] 苏兆斌,李天鹰.学校改进背景下的校长领导力探析[J].中小学校长,2012(2):46—49.
[2] 鞠永生.基于薄弱学校改进的校长领导力研究[D].烟台:鲁东大学,2014.

校长领导力目标实现的关键是角色转变问题,有研究指出要从指令的制定者转向团队的服务者,从简单的管理者转向新的愿景领导者,不再是注重权力和指挥,而是更注重责任和承诺。① 有研究强调从官僚体制的指令制定者转向组织合作的团队服务者;从按部就班的简单管理者转向变革创新的愿景领导者;从以技术为核心的效率追求者转向强调价值引领的道德权威者;从社会变化的被动适应者转向积极的社会重建者。② 这些观点指出校长要加强愿景领导、专业权威、团队合作、主动作为,实现"自我"向"他我"的转变,切实更新自身办学理念和管理理念。

校长领导力发挥作用的关键是校长如何推进学校改进,有研究提出四个路径:理性路径(致力于以改善课堂教学,促进教师专业发展来提高学生学业成绩)、情感路径(致力于发展教师积极情感,提高教师的工作满意度与工作热情)、组织路径(变革学校的组织环境来实现提高学校教育质量的目的)、家庭路径(家长对待学习的态度、对教育价值的认识、对孩子的学习期望都会对孩子的学习成就产生重要影响)。③ 也有研究提出五个路径:开展自我诊断,更新教育理念,实现与时俱进;注重教育教学,深入课堂实践,把握改革动态;整合资源,创新发展,激发教师自主性和创造性;以人为本,适度放权,增强团队凝聚力;树立共同愿景,打造文化品牌,丰富学校文化底蕴;构建多元化社会关系网络,汇集多渠道办学力量。④ 这些路径的共通点就是要发挥四个领导力的作用,即提升校长愿景领导力,指引学校改进方向;提升课程领导力,改进学校教育教学;提升团队领导力,凝聚学校成员力量;提升文化领导力,增强学校核心竞争力。要在这四个方面做出努力,从而促进学校向更高水平发展。⑤

---

① 蒋园园.学校改进中的校长领导力提升:一种分布式领导的研究视角[J].现代教育管理,2013(4):87—91.
② 王海英,伍州.学校改进的路径分析:学校领导的视角[J].教育科学,2009(2):8—11.
③ 王海英,伍州.学校改进的路径分析:学校领导的视角[J].教育科学,2009(2):8—11.
④ 鞠永生.基于薄弱学校改进的校长领导力研究[D].烟台:鲁东大学,2014.
⑤ 薛彦华,李佳.校长领导力作为学校改进内生动力的内涵、依据与策略[J].教学与管理,2022(1):34—37.

由上可知,校长领导力对于促进学生发展、教师发展、学校发展和社会发展来说是至关重要的,但校长领导力的提升与建设并非一日之功,而是需要校长在实践领域扎扎实实进行修炼,做到以学习促成长、以行动促成长、以反思促成长、以初心促成长,才有可能在不断蜕变中提升自身综合素养,才有可能探寻到学校改进的要义所在。

一、以学习促成长

校长要引领教师专业成长,促进学生全面发展,推动学校健康发展。其自身办学水平和管理水平的高低,会直接影响校长领导力的发挥。有研究者从中小学教师的立场出发进行调研,了解到校长领导学校发展的过程中在营造育人文化和领导课程教学等维度上表现较好,最大的不足集中在管理方面,包括优化内部管理的能力(规划学校发展和引领教师发展),也包括调适外部环境的能力[①],这一现象表明校长在熟悉的教育教学领域里得心应手,但是在学校管理上还有待进一步提升。

校长要想实现能力提升,需要自身有主动学习的意愿,把终身学习变成一种行动,把终身学习融入职业生涯,用学习提升自身的教育智慧,用学习实现自我更新,同时也可以充分利用区域搭建的培养平台,参与不同层级不同主题的培训活动,做到多途径进行专业学习,或从丰厚且智慧的教育理论中学习,或从真实且复杂的教育实践中学习,或从国内外的优秀教育经验中学习,或向教育家型校长学习。不管哪种类型的学习,只要亲身投入,就会对办学产生新思考,引发办学新实践,从而不断提升自身专业化管理水平,提升学校办学质量。

回顾成长历程,我要感谢的人与事有很多,尤其是在不同阶段引领我快速成长的人与事,它们都让我印象深刻。在16年校长生涯中,我有幸参加了不同层级的高质量培训(见表1.6),打开了一道道学习之门,我一步一步看到了更大的世

---

① 于川,霍国强. 教师视域下校长专业发展的困境及其解决[J]. 中小学校长,2022(2):58—61.

界,对办学有了更深的思考,也实现了自身蜕变,慢慢成长为现在的我。

回顾过往,不同层级的培训就是一条让我不断开阔视野的,提升"新内涵"之路;就是一条不断辨析思考的,寻找"新定位"之路;就是一条不断践行实施的,发展"新探索"之路。它给我带来的是宝贵的经验积淀,是系统的思维方式,是科学的学校管理。

表1.6 我的培训之路

> 2008年,"区级校长培训基地之门",掌门人,浦东教育发展研究院。那时我刚做校长不久,还处于适应期,处于低头忙工作都来不及的状态,幸运地以插班生的身份参与了培训。"什么是课程? 就是学校为学生进入学校后组织的所有活动。"我的笔记本上第一句话就是顾志跃院长第一次讲座时说的第一句话,在两年的时光里,顾院长就这样把教育教学的基本理论和前沿理论深入浅出地阐释出来,手把手教学,这让我每每回想起顾院长培训时的内容就会有一种幡然醒悟之感,也让我从一无所知到豁然开朗,慢慢打开了对教育的理解。培训班毕业后,每当我遇到困惑不解,再请教顾院长时,他都非常耐心地答疑释惑,指点迷津。这是我校长生涯的起步,让我知道了——教育需要抬头向外看。
>
> 2011年,"首批赴英国研学之门",掌门人,浦东新区教育局。那时我已经做了5年校长,当我看到英国老师为了学校的一个活动把一头骡子牵进校园时;当我看到师生们一起穿着维多利亚时代的服装,去介绍维多利亚时代的博物馆时……我的很多教育理念被颠覆了。这一次研学旅程让我知道了——教育需要横向纵向看。
>
> 2015年,"长三角名校长培训之门",掌门人,国家教育部。这一次,我完全脱产,辗转在上海、浙江、江苏、安徽的各个名校,跟随各个名校长做影子校长。当我看到孙双金校长坚持快乐地为孩子们上课,当我看到60岁的洪雨露校长在操场上与孩子们快乐地踢球……这一次跨区域培训让我知道了——教育需要不断向优秀的人看。
>
> 2020年,"全国小学优秀校长培训之门",掌门人,国家教育部。在这次培训前,我于2014年还参加了"全国小学骨干校长研修",骨干校长研究班为期一个多月,大量的讲座、参观,让参加者开阔眼界、增加见识。而优秀校长高级研究班为期两年,我四次进京,采用一对二导师制(北京师范大学),就像真正的研究生那样学习。导师们要求我们改变思路,放下习惯性的经验总结,学会以研究的视角对学校管理实践存在的问题开展研究,以及进一步梳理学校办学思想,从而在研究中解决问题,在研究中提升教育实践质量,在研究中形成系统性的教育思想。这一次科研培训让我知道了——教育需要从研究的角度去看。
>
> 2020年,"新区领航校长培训之门",掌门人,浦东新区教育局。我当时原以为自己是一个相对成熟的校长了,往后的职业生涯用心做就可以了。没想到上级激励我们,还需要再定一个前进的目标。在这个培训班,我经历了很多之前没有想过、没有做过的事情——拍视频、上电视、参加论坛、出书,这一刻,才发现自己需要提升的方面太多。这一次培训让我知道了——

(续表)

教育需要永远向前看。 　　16年来,我一直走在校长学习的路上。从浦东到长三角的各个城市;从上海到北京以及全国各地,还有跨洋越海赴英国。每一扇学习之门上都印有一个标牌:"校长——骨干校长——名校长——优秀校长——领航校长……",虽然名称循序渐进,各有变化,但是对我来说,不变的是:开阔眼界,提升学养,重塑自我,行远自迩。

二、以行动促成长

校长是否能把教育理论转化为实践,是否能把好的想法转化为实践,是否能够将教育政策需求转化为实践,变成行动力、凝聚力和影响力,关系着学校的发展质量。这是因为校长就是学校的一个活名片,校长自身专业发展状态与学校发展是紧密联系的,只有校长能够以积极向上的心态来对待自身专业成长,同等关注内部发展和外部发展,积极呼应教育改革发展需求,身体力行推进学校变革,才有可能更好地带动学校实现更高、更好、更远的发展。

反观我自身的性格,我是一个比较淡然的人,激进的时候相对较少。当有人推荐我参加优秀评选活动时,我会直接说还是评选其他人吧;当有人推荐我做活动的专家评委时,我回应说我真的不能胜任……像这样的事情还有很多,我都婉拒了。一方面是我对荣誉看得比较淡,不管是个人的,还是集体的,只要内心深处认为自己做得好,且让自己满意就足够了,毕竟外界评价是有很多客观因素存在的,存在很多不确定性;另一方面是常态化的工作已经让教师们应接不暇了,比起外在的荣誉,我更关注教师是否有足够的时间来调节身心,平衡好工作与生活的关系。

副校长拿着一份材料风风火火地到我办公室说:"校长,这个×××实验校,我们申报吗?"我说:"我还在考虑。"副校长连忙说:"校长,我觉得我们要参加,我觉得你需要去争取,你的确说过,我们尽力做好自己的事情就好,不用在乎外在的评价,你也说过教育教学的重要性,我们应该抓住核心的东西好好做,不要盲目跟风。"我回应道:"我是这样说过。"副校长认真地说:"你不去争取个人荣誉,我只是替你惋惜;但是面对学校荣誉,我有其他想法,我们需要突破舒适区,需要外力的专业督促,需要做一些能够激发活力的事情,可能这个项目并不一定是最好的,也会有很多不足,但我们不能在还没有尝试的时候就否定它。我也知道你非常体恤教师的不容易,但教师的发展有时候除了我们的人文管理,还需要适当加入新鲜的未知的力量,相信大家只要有获得感,工作辛苦点也是开心的。我觉得你过于保守了。"

我听到保守这两个字,内心很是触动,我一直以为自己是一个比较淡定坦然的人,但换一个视角看,这就是不敢创新,不敢突破,确实是略显保守了。回想自己的管理历程,我确实在熟悉适应基本的学校管理之后,就会一直保持这种淡然的状态。面对新的挑战,我不是直面它,反而是让自己处在舒适区内,这就容易与新的机遇失之交臂,归其根本就是害怕改变,惰于改变,缺乏改变的智慧与勇气,更是缺乏改变的行动与决心。副校长的一席话,打破了我这种淡然的状态,让我意识到,如果我不去争取,谁去为学校争取?我不去改变,学校怎么可能实现改变?我慢慢转变了心态,变得主动去争取,主动去关心进展。因为我知道这一次次的争取,是在告诉我不能随意停歇,要时刻向前;是在告诉我学校的事情无小事,每一件都值得为之竭尽全力。

这件事情过后,我开始突破自我,做一些原先不会做的事情。我以特级校长的身份兼任了一所农村学校——新场实验小学的校长,同时担任了浦东新区教育工作委员会负责的2021年云南怒江州在职或后备校长培训项目的导师之一。对于这样的转变,教育同行有不少人不知道,新场实验小学的家长和社区的居民更是一样不清楚。我带着云南怒江的校长和教师来到新场实验小学跟岗学习,学校要发布公微进行宣传报道,我看了报道后觉得内容很翔实,排版很精美,但是我要求补充一项内容——关于我的介绍,包含照片、自我介绍、我的荣誉和经历。以前,我是尽量不出面、不上报、不出现,之前的学校干部都知道我的风格,但是这次我一改往日作风,主动提出要增加这项内容,因为我想以这样的方式与大家会面,让大家了解新场实验小学的新变化,更多地关注和支持学校的发展。文章推送后,确实反响很大,因为新场实验小学来了一位特级校长,大家不停地转发和讨论这个消息,文章的阅读量也创造了历史新高。我这种转变不是出于角色发生变化后的炫耀,而是我的思维方式实现了更新迭代,我想力所能及地以我的力量给学校做一次免费的优质的宣传,让大家更加关注学校、信任学校、认可学校、支持学校。我的初心是只要对学校发展有益的事情,我就尽量多做一点,也努力多争取一点。与此同时,自我宣传也是自我施压,要重新审视自己的使命和责任,踏实走好每一步,做好每一件事情,引领学校走向更加高阶的发展。

诚然,校长可以做很多事情,但事情可以分轻重缓急,事情也可以分门别类,这就意味着有的事情需要自己全心全意做,有的事情可以放手给中层管理人员和教师去做,我要做的就是他们不能做且没法做的事情,这样大家就能互相补充、深度配合。我从不放手到慢慢放手有一个过渡阶段,这是因为我们都是从基层开始做起,经历得多,经验自然会多一点,能力也强一点,再加上大多数校长又比较勤劳,凡事亲力亲为,一方面是担心行政人员做得不如预期,另一方面是想着把事情做得更好点。但是我要分管的校区越来越多,时间非常有限,我知道再也不能所有的事情都亲自过目了,就只能让校区负责人把一件事情负责到底。校区负责人一旦要全面承担校区各方面的工作,就能够根据各自的校情,因校而异地来指导、调整、实施各条线的工作。他们可能在这个过程中会犯错,做事会有不足,但他们都会反思、总结,慢慢地就做得越来越好,在这个过程中就获得了成长。这提醒我不要将自己看得太过重要,没有我的时候,他们也能把事情做好,就像一位行政人员所言:"校长把校区全部交给我了,我当然要努力做到最好,否则不是表示我没有能力吗?"当我往后退一步,学会"偷懒"的时候,行政人员也往前走一步,学会了"负责",整个校园就变得井井有条了,大家都在各自岗位上尽自己最大的努力做到最好。

三、以反思促成长

校长最应该关注什么,是我一直在追问自己的问题。这个问题就是抓核心抓关键,抓主要矛盾,每个校长对这个问题的回答都会不同,而且同一个校长在不同发展阶段的答案也会不同。通过不断的反思和追问,大家对这个问题的思考会更加深入，对学校的办学方向会愈加清晰，对自己的成长也会更加有益。

我刚刚做校长的时候，想法很简单，即管好管理层。管理好中间这一支队伍，我的想法就能转化为行动，就能引领教师成长，促进学校发展。之后，我的想法变了，即管好教师。教师获得了发展，才能推动学校所有工作有序推进。再后来，我的关注点转移到课程上，课程是学校教育的核心，课程的丰富性决定了学生成长的丰富性。再到后面，我的关注重点变成了学生，如果学校所有的工作都以学生发展为旨趣，我们就会多问问，孩子们会怎么样？他们会喜欢吗？孩子会有收获吗？当我慢慢地转换到学生视角来推进学校办学后，管理就变得更顺畅、更高效。慢慢地，我们学校的办学成效获得了更多的认可，与此同时，我也获得了浦东新区教育局十大杰出青年的称号，并在区域层面分享个人办学心得体会（详见表1.7）。

表1.7 学生视角下的办学实践
——我愿意成为帮助他们快乐飞翔的隐形的翅膀

> 杰出，是才能、成就出众。我，一个最普通的农村小学的校长，被称为乡村女校长，做着最普通的事，如何能够与"杰出"匹配呢？
>
> 昨天早晨，我到校门口。一排红马甲已经在校门口指挥交通了，我们学校外交通十分不完善，为了保证孩子的上学安全，我们想方设法。许多个晚上，我们与家委会一次次讨论，终于，组建了爱心护导队伍，150多名家长志愿者风雨无阻，这是学校最美丽的一道风景线！
>
> 中午，我到操场上。学生们最喜欢、人人参与的春季趣味运动会又拉开序幕了。每年，我们会设计各式各样有趣的运动。今年我们又增加了趣味足球赛、教师启动赛、根宝基地表演赛、几校联赛、师生对抗赛、22场年级赛，还邀请专人做生动的足球讲解。在春天的绿茵场上，学生们欢笑着、奔跑着，这是学校最动人的一幅图画！
>
> 傍晚，我到校门口。去英国德威国际学校学习的孩子们回来了。在我们最真诚的一次次沟通中，碧云社区的英国国际学校与我们建立互动。每一个周三的下午，五年级的孩子轮流到那去，与那里的孩子互动学习，一晃已经3年了。孩子们每一次参加时喜悦、激动的神情，是学校最温暖的一个画面。
>
> 这是一所最普通的农村学校，1600多名学生中超过70%是最基层的随迁子女。但是我有一个梦想：打造一所快乐校园，让这些最普通的孩子同样享受到优质的教育。这个梦想很坚定，这个梦想让我不断努力！我很平凡，但我相信，只要阳光照耀在每一个孩子的身上，他们就会拥有杰出的未来！而我愿意成为帮助他们快乐飞翔的隐形的翅膀！

如今,管理的时间越长,管理的磨炼越大,遇到的管理问题越多,我逐步领悟到,一直把关注点放到某一点上,企图以点代面来推进学校管理的想法是片面的,因为学校管理团队、师资队伍培养、课程与教学、学生发展等是具有内在一致性的,是密切关联互相支撑的,即我和管理团队需要立足学生发展的视角,培养学校师资队伍,并且运用我们的经验和智慧去丰富课程内容和提升课程品质,创建学校办学特色,建构学校独特文化。

四、以初心促成长

不论是作为教师,还是作为校长,我们都要时刻追问教育初心是什么,进一步审视自己的教育初心如何,以及在实践中努力做到坚守自己的教育初心,这对我们从事教育事业、走进教师职业、实现人生价值,具有重要的导向作用。当每一位教师都能够以成为"大先生"为努力方向,努力做学生为学、为事、为人的示范,成为促进学生全面发展的人;当每一位学校管理者都能以引领教师成长、促进学生发展为己任,关注学校场域中每一个有鲜活生命的独特个体,拓展他们的生命长度、宽度和深度,育时代新人就会成为可能。

回顾我投身教育的这些年,我一直都葆有一份童心,一直都把孩子放在第一位,时刻从孩子的角度看问题,这赋予我更多的智慧和勇气来进行教育教学和推进学校管理,身边人总是以"孩子王"称呼我,想来这也是对我工作的一种认可,更是对我天真性格的一种欣赏,而这些天真的时刻,来自方方面面(见表1.8)。

表1.8 我与孩子在一起的点滴故事

第一个小故事,双休日我和朋友在商场闲逛时,突然发现了"大白兔奶糖"的一个旗舰店,有趣新颖的设计瞬间吸引了我,朋友好奇地问我:"你要买大白兔奶糖吗?"我回应说:"我看看有没有什么好玩的东西,有没有孩子们可能会喜欢的东西。"我一边逛一边兴奋地和朋友说:"这个超级大的奶糖设计非常可爱,接下来就是兔年了,可以用在开学典礼上,可以给孩子带来童年的味道;这一盒奶糖很精致,是上海市的建筑名片,可以送给兔年生日的老师做小礼物。" 第二个小故事,当我和环境设计项目的老师商量新学校要做雕塑的时候,大家第一时间想到的就是做一些科学家、教育家等名人雕塑,我想可以有所突破,打开思维,要考虑孩子们

(续表)

> 喜欢什么。这下老师们就有了各种想法，"可以是有趣的12生肖啊，每个孩子进校，都可以找到属于自己的生肖，有归属感。""也可以是这个年龄段的孩子喜欢的经典的卡通形象，孩子们肯定一进来就喜欢，然后喜欢校园。"后来我们做了生肖雕塑，非常受学生欢迎。
> 　　第三个小故事，当学校推进空盘行动计划时，行政人员罗列的方案包括国旗下讲话宣传、红领巾广播宣传、班级出板报等，这个方案很常规，但对于孩子来说毫无兴趣可言。为了改变这种状况，我提出了个人设想，一是共读一本有趣的童书——《我吃我吃，吃出健康》，学生们阅读过后再组织有奖竞答活动；二是每周一中午观看纪录片——《舌尖上的中国》，不仅让孩子们了解各地美食，也了解各地风俗文化；三是每个班级轮流推荐5位同学，身穿统一的漂亮的厨师制服，让他们轮流走进食堂参观和劳动，了解食物的烹饪过程，体会到美食的来之不易；四是组织"变形记社团"，选择一些挑食的"小胖子"和"小瘦子"，将饮食和身体健康链接起来；五是举行美食节，让每个学生制作一个菜，并进行点评，让学生在活动中介绍美食，了解美食，珍惜美食，以及让食堂的大厨们给孩子们做个每日工作的讲座……一系列空盘行动活动，成为孩子们最喜欢的活动，孩子们也用自己的实际行动践行了空盘行动。

　　回顾自身16年的校长经历，我最大的改变就是让自己内心变得更坚强了，同时也让内心变得更柔软了，这大概就是成长。从内心柔软到强大，让我在办学过程中能理智地去应对最难的事情；从内心强大又回到柔软，让我越来越看到教育的价值，希望能够在面对孩子的时候懂得珍惜，赋予孩子更多的美好。简言之，当校长就是要坚守办学的初心，把学生成长放在首位；要适时放手赋予团队自主权，助力管理团队发展；要搭建多样化平台，助力教师专业发展；要及时总结提炼，把好的经验和做法进行成果固化和分享推广，让学校的发展被更多的人看到，也让学校的智慧帮助更多的人实现发展。

　　校长的成事成人，成的是教育之事，研究成因，思考成效，培育成果；校长的成事成人，成的是教育之人，搭台成全，创造成就，激励成长。"成"是一种思想，有描绘蓝图的大格局，让一群人充满向上的力量；"成"是一种行动，有开山辟路的大手笔，让一系列事改变学校的面貌。

第二章 教师的改变——共事中成人

引言

教师是教育事业的第一资源,也是推动教育高质量发展的核心力量。关注教师、发展教师、成就教师理应成为学校办学的关键所在,只有每一个教师获得全面的健康发展,才有可能实现学生的全面发展,实现学校的品质发展。

教师的改变,对于学校管理者来说,是大工程,也是艰难事。而大工程是由若干个细小任务组成的;艰难事是由许多难易有别的事组成的。只要坚持不懈地去把一件件小任务做好,终会迎来春暖花开。

学校教师的改变,重在聚焦"五个力":教师发展力、中层领导力、个性培养力、专业提升力、愿景实现力。

教师发展力,落实改变的"事",靠勇气增添力量——成为内涵发展的基色;

中层领导力,厘清管理的"序",靠正气树立形象——成为条线负责的亮色;

个性培养力,抓准深耕的"点",靠灵气磨砺突破——成为百花齐放的彩色;

专业提升力,看准前行的"路",靠底气挺直腰杆——成为行稳致远的本色;

愿景实现力,追寻共同的"标",靠志气实现理想——成为学校发展的特色。

"教师的改变"是教育的需要;"增长本领"是事业的要求;"搏击的能量"则是成为更好的自己。让教师改变像葵花一样,向阳生长!

高素质的教师更能为学生发展创造更多机会，教师是支撑学校教育高质量发展的最宝贵的资源。周彬教授指出，想要促进学生全面发展，教师的发展也应该是全面的。[1] 教师的全面发展是一个复杂的问题，唐松林等学者在对教师专业发展的应然探讨和实然分析基础上，将教师发展分为认知结构、专业精神和专业情意[2]，叶澜教授在探讨教师角色时，认为教师发展应该包括教育理念、知识结构和能力结构[3]，胡慧闵教授从学校管理者的视角出发，提出教师发展应包括专业知识、专业技能、专业道德和自我反思与改进等方面[4]，教育部师范教育司组织编写的《教师专业化的理论与实践》一书中指出，教师发展包括专业知识、专业技能、专业态度三方面内容[5]，等等。学者们从不同视角出发对教师发展维度进行了阐述，虽然有所差异，但也有三个共同点：一是专业知识；二是专业能力；三是专业品格。详而言之，教师面对的是特殊工作对象——成长中的人，教师要具有专业性，掌握专业知识以及教育教学能力，引导学生学会学习，掌握基本的知识技能，为其发展打下坚实的基础；教师又是道德的引路人，要有崇高的师德，发挥自身的榜样作用，做好学生成长路上的引路人。除此之外，学校在实践探索中，还发现教师是自主的独特个体，有丰富的教学经验，有多样的情绪体验，有真实的发展诉求等，需要予以关注。因此，关注教师的全面发展，就是要关注其专业知识、专业能力、专业品行以及专业情感四个方面。

关注教师专业发展，不仅是要关注某个教师的全面发展，更要关注教师队伍的整体发展。毋庸讳言，教师个体是存在差异的，每一类教师群体也是存在差异的，这就需要开展因人施训、按需培训、分层培训，不断提升培训的针对性和实效性。面对学校复杂多样的教师队伍结构，我们一方面按照教师专业发展阶段进行分类，对见习教师、青年教师、骨干教师、学科带头人等不同类别教师进行分层培训；另一方面按照学校教师的岗位职责进行分类，对行政管理教师和任课教师进

---

[1] 周彬. 教师发展究竟需要发展什么[J]. 教育发展研究,2021(20):3.
[2] 唐松林,徐厚道. 教师素质的实然分析与应然探讨[J]. 高等师范教育研究,2000(6):34.
[3] 叶澜. 新世纪教师专业素养初探[J]. 教育研究与实验,1998(1):41—46.
[4] 胡慧闵. 教师专业素质的认识：基于学校管理者的角度[J]. 当代教育科学,2007(2):28—30.
[5] 教育部师范教育司. 教师专业化的理论与实践[M]. 北京：人民教育出版社,2003:57.

行分类培训,以契合不同岗位教师的发展需求。鉴于不同类型的教师可以通过一些正式活动(课程和研讨会等)和非正式活动(与其他人的合作等)来发展个人的技能、知识和专长[①],因此,学校积极利用各种教研活动、校本研修活动等专业活动,以及教工大会、教师节、传统节日等组织活动,组织教师学习,将学习融入学校的各个方面,让教师浸润在学校文化之中,让每一位教师都能在学校的正式与非正式学习的环境中,获得专业知识、技能、品格以及情感的逐步提高,进而提升教育教学品质。诚然,学校平台的搭建、氛围的创设、理念的迭代对于学科教师和中层领导发展有举足轻重的作用,然而教师的自主性才是关键,只有激发每个教师的内在动力,释放每个教师的巨大潜能,才能充分发挥外界力量对教师发展的积极作用,助力教师实现个人最大化的发展,助力教师团队实现整体的发展。

教师发展是一个永恒的教育话题,学习是促进教师发展的密钥。当学习契合教师真实的发展需求时,当学习扎根于教学实践时,就会唤醒教师的学习动力,让学习真正发生,教师的改变也从这个时刻开始潜移默化地发生着,从而推动课堂教学转型,深化教育教学变革。

第一节 决胜中层——巧用势能,促进学校工作转型

一所学校的高质量发展,离不开一支高效能的中层干部队伍。优秀的中层干部团队是实现学校高效运转、优化学校内部管理和推动学校高品质可持续发展的重要保证。[②] 校长一定要充分认可中层队伍的意义与价值,把提升团队领导力、培养优秀中层干部作为学校教师队伍建设的一项重要工作来抓,在育人关键环节和重点领域攻坚克难,赢得中枢动力,让"四梁八柱"真正立起来。

究竟如何培育和培养中层干部,实现中层队伍专业素养和管理能力的发展,

---

① Organisation for Economic Cooperation and Development. TALIS 2013 results: An international perspective on teaching and learning [M]. Paris: OECD Publishing, 2014a.
② 叶丽敏.锤炼高效能中层:为学校高质量发展蓄势赋能[J].中小学管理,2022(7):5—9.

让想做事情的人有事做,让能做事情的人做成事,是校长需要持续关注和思考的重点课题。在"双新"和新一轮课程改革的背景下,面对新形势、新变化、新要求,中层干部群体要从学校的"中间层"变成"中坚力量"。中层干部的群体边界、角色定位、能力要求等都发生了改变,一是群体边界从传统层级定义走向开放多元化领导,打破了传统的科级分层,朝着"结构的网络化、制度的人本取向、管理的多方参与"为基本特点的扁平化管理模式发展[①],由原来对教师的线性管理逐步转向与教师双向合作,共同参与学校的治理。二是角色定位从传达式执行走向创新性转化,中层团队不再是简单的命令传达者、管理者,而是学校工作创新性转化的设计者、实践者、反思者,推进学校改进持续深入。三是在能力要求上从线性业务管理走向全方位领导,中层队伍需要不断提升自身的影响力,增强管理能力,开展多维管理。[②] 只有中层团队积极回应时代发展要求、响应教育改革要求,以实际行动将教育改革理念和学校核心理念转化为学校实践,转化为促进教师发展和学生成长的具体措施,才能够让学校改进成为可能,让学校高质量发展成为可能。

新时代的学校中层力量,来自思维和格局的拓展,在洞察趋势中锚定目标,树立全局性视野;来自岗位职责的夯实,游刃有余地驾驭角色,创造积极性变革;来自技能和素养的锤炼,化繁为简地提升行动,解决复杂性问题。因此,为了更好地发挥中层队伍的效能,我尤其关注中层队伍的"三力"——领导力、思维力和共情力,一是要具有领导力,发挥其多维领导能力,作为校长领导和基层教师的转化枢纽,完成学校的管理工作;二是要具有思维力,创造性转化工作,从解决问题的视角从事管理工作;三是要具有共情力,中层干部在工作中承受着更大的压力,他们需要更多的情感支持,以顺利完成相关工作。

一、锤炼中层领导力,树立全局性视野

领导力是一个人在激励并带领他人去实现大家共同目标的活动中所表现出

---

① 赵晗,张新平.我国小学中层管理人员存在的问题与对策[J].教学与管理,2016(10):13—15.
② 刘姣.从"中间"到"中坚":学校中层干部的现实困境与破解对策[J].中小学管理,2022(7):32—33.

的能力,是每个人都能具备的一种能力。中层干部作为承上启下、上传下达的接力者,其领导力的高低关系着一项项任务是否能够执行,是否能把理念变为行动,是否能把计划变为结果,从而在实践中推动学校变革与发展。中层干部具有多重角色和任务,既是学科教师,也是学校管理者;既是方案的设计者,也是方案的实施者;既要对校长负责,也要对教师和学生负责,这就意味着中层团队需要有高度忠诚的品格、过硬的专业本领、非常强的组织和沟通能力、善于合作、较强的应变与创新能力、良好的自我调整能力。① 恰如研究者所言,中层领导力主要体现为对教育理想的信念追求、在专业领域的不懈钻研、对团队力量的组织与凝聚、对教师及其团队的持续引领和对自身发展的反思提升。②

尽管当前教育对于中层领导力提升提出了严要求、高标准,但是中层干部的现实发展状况不容乐观,他们更多的是在与校长沟通、与教师沟通中推进学校一项项工作,获得教师的理解与支持,从而确保工作能够顺利推进,甚至会出现只列计划不问实施,或者去实施了不问成效,或者关心结果不问改进等等,致使中层作用未得到充分发挥,学校改进推进缓慢,效果不明显。为了改变这一现象,让学校中层动起来,负起责任来,我采用任务驱动的方式修炼中层的领导力,希冀让每个中层干部都能在任务中实现发展。比如,我刚到一所新学校之后,就学期计划布置了具体的任务:第一,每个人根据我的学校计划,制定自己管理工作的条线计划(大家无异议);第二,每个人都要根据条线计划做好PPT,在行政会上交流,而且每个行政人员都要点评——好的与值得改进的地方(大家略显为难);第三,在行政会上相互交流以后,综合相关意见对计划进行修改与完善,然后在全教会上,面向全体教师进行计划解读、分析与布置,让全体教师了解学校的管理工作安排与推进(大家感到惊讶,并面露难色);第四,每一个中层领导都要召开相关条线的教师座谈会,讨论并听取教师们的意见予以修改(大家脸上露出崩溃的表情)。在我看到大家的表情变化后,就知道中层群体的现状需要打破,中层群体的发展迫在

---

① 鲍传友.从夹心到核心:学校中层领导力的认识与培养[J].中小学管理,2014(3):4—6.
② 何学锋.发展自觉:学校中层领导力的提升之道[J].现代教学,2018(6):4.

眉睫。随后,我说:"难,是很难。但是有必要。""一次次的上台交流,是完善你的计划;一次次的上台交流,是检验你的计划的可行性;一次次的上台交流,是让大家熟悉你的计划的工作;一次次的上台交流,是让你熟悉自己制定的计划的好与不好;一次次的上台交流,是锻炼你的专业领导力。"中层群体最终按照整个任务规划开启了交流调研,从起初的面露难色到后来的从容应对,中层制定的条线计划也更加合理了,不再是被遗忘在角落的计划了,而是真切地变成了指导学校工作推进的重要举措,每个中层干部都在这一过程中加深了对教师的理解、对计划的认知,提高了计划的执行力度,改变也就悄然发生了。

注重学习,是一种态度;善于学习,是一种素质;学以致用,是一种能力。除了让中层干部在任务中提升领导力,我也采取外出学习的方式来提升领导力,让学习成为中层干部发展的一种常态。中层团队每年都很期待我带他们去参观,常规的参观是去不同类型的学校——名校、普通学校、市中心学校、乡村学校等,感受不一样的学校、不一样的管理;创新的参观是去跨界参观——钟书阁、地标美术馆、网红咖啡馆、红窑店、创意园区、看守所、青年留学回国的创业公司、海底捞、樱花大道、紫藤花园等等,看看外界的变化和发展,会让每个人内心充满好奇心、想象力,再来思考如何办教育、如何治学,就会有更多思路、更多智慧。参观后,我会让大家撰写管理方面的心得体会(见表2.1),借此把自己的思考和智慧固化,从而不断提升自己的管理能力。

表2.1 新征程 新思考
——行政人员学习心得笔记

姓名	张××	学习时间	2022年9月	学习形式	参观
学习内容	1.参观品牌连锁店;2.思考品牌连锁店成功对管理的启示					

本期的主题:
作为学校管理人员,我们需要着眼于学校,同时管理的视野又要超越于学校。所以,本学期,我们将陆续参观一些跨界的地方。
今天,我们参观8月开张即成上海网红的咖啡店。(目前还在建设中)

(续表)

一方面希望你有一些直接的感受:比如你觉得此网红如何？你喜欢哪一个细节？你觉得有什么是令你印象深刻的？你觉得哪些方面可以改进得更好？同时,更希望你有一些其他方面的思考……

比如开在浦东偏远老港、距离市中心六七十公里车程的店,依然可以如此之火。你觉得品牌掌握了什么"流量密码"？其中有什么是我们可以借鉴的？

比如这个品牌连锁店在浦东、崇明、奉贤、松江、嘉定等区域频频开店,次次登上热门榜,请大家通过网络寻找一下、了解一下,你觉得它成功的秘密在哪里？

比如新开的红窑店,是开在工业遗址的店铺,用一种特殊的文化资源来形成强烈的特色,我们从中能够获得什么启发？

还有,当我们作为一个团队一起参观、入座、沟通,你更希望这个团队具有怎样的风格？

让我们多多思考一些……

参观的感受与思考:

一尺花园红窑店,其红砖砌成的拱形结构很复古,门口还有偌大草坪、露营帐篷。这个新开的红窑店,是一尺花园系列中首个开在工业遗址的店铺。红窑的前身是一家制砖厂,建于20世纪60年代末,在20世纪90年代初歇窑停产。红窑完整地保留了高大烟囱和许多大小不一的拱形门洞,特别是建筑物内部的拱形窑洞,在灯光的衬托下,宛如在诉说过去的时光故事,游客在享受咖啡与美食的同时,也一同回忆过往的历史。这家店铺虽然离市区很远,但生意依然火爆。平时工作日来这里休闲、喝咖啡的人就不少,周末更是一座难求。

校长带行政人员参观,用意当然不仅仅是让我们放松休闲。诚然,作为学校管理人员,需要着眼于学校,同时管理的视野又要超越于学校。

一尺花园,这样一个品牌连锁店,不限区域,不拘风格,可是每每都能"受宠",究其原因,顶层设计功不可没。我想,"一尺花园"管理团队的"脚力"——走进犄角旮旯,"眼力"——寻遍立锥之地,"脑力"——闪现奇思妙想,是值得我们行政团队借鉴学习的。

首先说说"脚力"。我们脚下要多走动,学会在走动中管理,多去看一看老师们在干什么,多到教室去走一走,多到公共区域去走一走。走动过程中要拍照(跟校长巡视时每次都要拍照)。有一句话是这样说的:没有记录就没有管理;没有反馈就没有管理;没有汇报就没有管理。

然后说说"眼力"。我们要多观察,细心去发现,重点是发现问题,发现问题的能力非常重要。只有看到问题才能推进工作,看到教师的问题,看到设施设备的问题,包括行政团队的问题。看到问题之后要沟通,我们是要建立起说问题和接受批评的文化。上智者直言,中智者曲言,下智者美言。智慧的人最需要的就是直言,直接说问题,不需要拐弯抹角。

最后说说"脑力"。行政人员要勤于思考,做事情要动脑筋,下功夫,出计划、出方案、出创意。行政干部不是一个简单的执行者,如果简单执行,那我们的工作就可以被替代了。行政干

(续表)

> 部的管理价值体现在什么地方？我认为是系统思考的能力。行政要不断优化方案，该沟通的去沟通，该请教的要请教。我们要训练我们的脑力，任何一个任务都能训练我们的大脑，所以，不要浪费任何一次训练我们大脑的机会。
> 　　开学以来，学校行政人员的工作特别辛苦，但是辛苦中我们有收获，"书痴者文必工，艺痴者技必良"。我们的能力必将在热爱中不断提升。"自然从不背离它热爱的人"，这也是一尺花园餐厅的理念。

　　从这些举措中，我体会到作为校长不仅要把教师专业发展放在重要位置，更要把中层干部的专业发展放在核心位置，持续引领和赋能每一位中层干部的发展，进而唤醒中层干部的角色意识，激活中层干部的内在动力，让他们形成自觉发展的意识，包括自觉转换立场、自觉打开格局、自觉放大视野、自觉抬升高度、自觉修炼能力等[1]，助推中层干部自主自发地把学校理念融入各项工作，在与多部门和多教师的沟通交流中，建立双向衔接，达成集体共识，凝聚团队的力量与智慧，从而认识到每一项工作的价值与意义，支持每一项工作的推进和落实，更好地服务学校的高质量发展。这个过程不仅能让中层干部发挥自己的作用，也能让中层干部获得发展。

二、提升中层思维力，创造积极性变化

　　思维方式是人们形成的一种相对稳定的习惯模式，是存在于观念上的相对稳定的解决问题的思路。每个人的思维方式，尤其是领导者的思维方式，一定程度上影响着发现问题、解决问题的效率和质量。从一般意义的中层干部来看，他们对上级肩负的是执行和管理职能，要有管理思维方式；对下级要有领导者思维方式。详而言之，管理思维包括运用系统思维、法治思维和法治方式、网络思维等；

---

[1] 李政涛.找到让"中层"强健有力的密码[J].中小学管理，2022(7)：卷首语.

领导思维包括运用辩证思维、战略思维、创新思维和底线思维等。① 从学校层面来看,中层干部面对的是教育改革的复杂性、教育情境的复杂性、教育对象的复杂性,而且彼此之间是相互关联、相互影响的,这就需要学校里的每一位学生、教师、中层都是学校的主人,都需要以自主、多样、综合互动的思维方式,变革自身的行为方式,进而在与教育的复杂性"对话"中,实现学生、教师、中层干部、校长和学校的共同发展。② 简言之,中层干部要在教育改革和学校变革的背景下,不断优化和更新自身的思维方式,形成"整体综合式思维""关系式思维"和"动态生成式思维",而非"割裂式思维""点状式思维""二元对立思维"等,学会综合性、系统性地思考问题,创造性地解决问题,从而做好"变革中的转化角色与职能"。③

回到现实工作中,中层干部在常态化的学校管理中难免会遇到各种各样的问题,如何思考问题和解决问题能够反映出中层干部的思维方式,也能反映出中层干部的管理能力。每当我到一个新的学校,我都会第一时间与每一位中层干部进行深入且全面的沟通,他们都会反映各种各样的问题,我也会借此了解学校的优点和面临的困境。在问题面前,我都是选择追问:"你作为条线负责人,是如何思考这个问题的?打算如何解决这个问题?有没有形成一些解决方案?"他们最常见的回应是:"我还没有思考过""这个超过了我的能力范围""这些问题就是等着校长你来解决啊"等等。从这些沟通中我知道了他们大多会遇到问题,也会提出问题,但是很少会去思考问题、解决问题,甚至直接把问题留给校长解决,这些"等、观、望、盼……"的思想,反映出中层干部并没有明晰其自身的角色定位,一味地停留在上传下达上,忽视了创造性解决问题,也没形成积极思考、主动作为的习惯,提出可能的解决方案,并在实践中加以尝试与检验等,这意味着中层干部的思维方式需要改变与更新,从而实现行为方式的改变。

为了提升中层群体的思维力,我在学期末行政会总结时,下发了一份总结模

---

① 徐远申.中层领导思维方式探析[J].领导科学,2014(4):22—24.
② 李家成.学校变革者需要怎样的思维方式[J].湖北教育,2006(6):26—27.
③ 李政涛.赢在中层与发展在中层——校长需要思考的四个"中层问题"[J].中小学管理,2013(10):4—5.

板(见表2.2)。我向大家表明:"大家不用对工作进行面面俱到的总结,这不是常规性的总结,但需要认真填写。"这份工作总结一方面旨在引导中层干部挖掘工作亮点,获得工作成就感,提高自我效能感;另一方面引导中层干部发现工作中的问题,引领中层干部进行主动思考,尝试破除工作困境,推动管理工作走向新的台阶。让中层干部们填写这个工作总结,关键不在于梳理他们做了哪些事情,而是引导他们开展原因与对策分析,在无形中发展他们的思维力,从而让他们对未来的管理工作也具有热情与信心。

表2.2 学校部门工作总结

各位中层:

　　在大家的共同努力下,本学期学校的各项工作都获得了良好发展,感谢每一个人的付出!

　　6月已经悄然而至,此时,你肯定还没有停下忙碌的脚步,汇报展示、复习迎考、总结反思……百米赛跑最后一刻的撞线冲刺,大家铆足了劲。

　　事情很多,永无止境,及时总结,善于反思,才能成就更好的我们。

　　下学期,我们会面临更多的工作、更难的考验,因此我们需要保持、改进、创新、提高,那就意味着我们需要更多的——学习、沉浸、思考、规划。

　　请针对本学期学校工作、自己分管的工作,进行总结。

　　无需理论,只要务实分析。

本学期学校总体工作	
值得赞赏的工作是	
你觉得成功的原因是	
最需要改进的工作是	
你经过思考后的建议是	
本学期自己条线工作	
成功的工作是	
成功的原因是	
不成功的工作是	

(续表)

本学期自己条线工作	
不成功的原因是	
没有按计划完成的工作是	
没能完成的原因是	
反思学期工作，觉得自己条线最需要改进的是	
针对不足的工作提出改进的有效建议是	
下学期自己条线工作的一些思路与框架：	
对自己条线工作一些新的想法：	
针对不足提出改进的具体措施：	
下学期学校其他工作的一些建议：	

总结不仅仅是对工作的回顾，更是放到学校发展背景中讨论自己工作的价值与意义。中层干部要能够跳出自己的工作限制，不再把自己当作校长指令的执行者、推动者，而是学校发展的计划者、实践者、反思者，通过"发现问题—思考问题—研究问题—解决问题"的思考主线，促进中层团队不断提高自身的思维能力，展现自己的管理智慧和专业素养。

三、激发中层共情力，解决复杂性问题

共情力是一种能力，也称为同感、投情、移情等，指的是能够换位思考，理解对方，站在对方的角度设身处地地思考问题。这就要求每个个体不仅要学会如何思考问题，还需要学会感受对方。具体而言，共情力是认知能力和情感能力的综合，包括将心比心、感觉敏感度、同理心沟通、同理心处事等内容。[1] 当我们拥有共情力，就能够建立良好关系，营造和谐氛围，凝聚团队力量，从而更加高效地实现共同愿景。

---

[1] 杨小婷.共情力也是一种软实力[J].紫光阁,2012(10):84—85.

中层是学校管理者,也是学科教师,鉴于其自身角色,他们的沟通容易被教师们不理解,甚至是不支持;他们的努力不容易被上级肯定,甚至是不被看到。中层默默地做了大量工作,非常辛苦;默默地承受着很多,是学校负重前行的一个群体,亟待引起关注。只有当校长关心中层团队的情感需求,赋予其情感支持,让他们知道自己的行动一定能够被看到、被听到、被欣赏时,中层内心才会充满无尽的温暖、无穷的动力,也会生成认同感、归属感、获得感和幸福感,从而满怀热情地投入到工作中,以实际行动推动学校改革。与之相对应的,中层的情感体验没有得到及时适切的关注,甚至也没有获得学校领导和师生的尊重与支持,在一定程度上不仅会影响其在岗位上的发展,更是会影响其对学校和学科的促进与发展(见表2.3)。

表2.3 一位中层的辞职信

> 每一位校长都希望培养好的中层,也希望每一个中层都能在岗位上开心地做成事情。当事与愿违的时候,这件事就会引发我更多的关注和思考。比如我在平常的一天从邮箱里收到钱老师要辞去中层岗位的辞职信,理由是出于身体健康的考虑。我知道这是一个理由,但又不仅仅是一个理由;这是最好的理由,但又不是最重要的那一个理由。与此同时,我的思绪回到几年前,当时我还在另外一个学校,学校中层孙老师含着泪走进我办公室,亲自递交过来一封手写的信,也是一封辞职信,而且是一封调离学校的辞职信。
>
> 孙老师是我在一次年级组长活动中发现的,性格温和、思路清晰、任劳任怨。恰逢学校有个中层岗位的空缺,我就提拔了她。她不负众望,非常刻苦勤奋,哪怕是面对常态化的繁重工作,也保持乐观心态。遇见我时她会说:"校长,你那么信任我,我一定好好努力。我有很多地方做得不好,你跟我说,我会认真改进。"慢慢地我发现她变了,脸上都是疲惫的模样,笑容越来越少。后来,她多次和我提到想要辞掉这个中层岗位。我一次次做她的思想工作。告诉她:"在工作中总归会有这样那样的问题,只要慢慢适应和努力,就一定会好起来。"她都会忍不住掉眼泪,然后说:"是我还不够努力,是我还有很多不足。校长,谢谢你的提醒与帮助,我再继续努力试一试。"当她离开我的办公室时,又充满了能量,但是我遇见她时还是一如既往的疲惫不堪,不再有原来神采飞扬的样子。我记得有一次,她坐在我对面,哭了很久很久,反复地说:"我可能不适合这个岗位。"最后她递上了辞职信,而且是离开学校的辞职信,这让我知道一次次的坚持换来的是一位优秀教师的调离。
>
> 她在管理岗位上时遇到了很多困惑:其一是由于工作忙碌,多年亲密的朋友与她渐渐疏远;其二是行政团队里都是老教师,她没法走近;其三是她的上级是一位严格的管理者,致使她害怕与上级交流;其四是德育工作,做起来很繁琐,容易得罪人,成就感很少,自我效能感低;其五是有人质疑她工作的公平性,导致她失去信心;其六是工作压力大,家里担心她的身

(续表)

> 体,也不支持她加班加点……再加上她是一个非常敏感又非常要强的性格,所以她给自己的压力也超级大,工作变得越来越不快乐,越来越想逃离。"校长,我很感谢你,我知道这一路上,你一直在帮我。"她哭得厉害,"但我觉得我还是换个环境比较好。"而我对她则心存内疚,她原本就是一个简单的快乐的语文老师、班主任,在自己的世界里很自如却因为我把她安排到了不适合的管理岗位而倍感痛苦,最终要离开学校。
>
> 我开始静下来反思,假如我当时没有安排孙老师做中层管理,假如当时一年多的时间里我没有那么坚持,早一点同意她辞去管理岗位,或许她就回到原本的工作岗位,依然可以很快乐。或许是我不合适的坚持,才导致学校失去了一位优秀的教师——她至少是个很好的语文老师、班主任。这件事让我意识到站在对方的角度去考虑问题是多么的重要,也让我意识到作为中层是否站在教师和学生的角度去思考问题同样很重要。
>
> 换回思绪,我开始思考如何回应钱老师的辞职信。我知道身体是一部分原因,做得不顺利不开心才是主要原因。这些不开心源于钱老师温和、内向且谨慎的性格,作为德育管理者要面对种种矛盾焦点的时候压力比较大。同时,其理念和管理方式与上级领导的想法有差异,无法达成一致。在沟通确认后,我同意了钱老师的要求,这次我希望没有失去一位优秀的老师,而是让她回到了教学岗位,找到了快乐的感觉,从容地面对学生。这件事让我再一次意识到,管理者学会站在对方的角度考虑问题,就会更加客观、宽厚地处理事情、对待他人。

这似乎是一个"反面"的故事,但同样提醒我们,学校是一个有温度的场域,当校长能够以身作则,做到对事对人共情,学校中层就会在耳濡目染中被影响,从而身体力行去换位思考,不仅让自己的内心更有力量,也能为他人赋予积极的力量,共同把学校建设成一个人人喜欢、人人参与、人人行动的快乐的精神家园,实现学校持续健康的高质量发展。

第二节 点燃教师——承接愿景,实现学校工作升维

百年大计,教育为本;教育大计,教师为本。教师是教育发展的第一资源,是教育发展的原动力。没有教师个体的专业发展,学生发展、学校发展和教育发展就无从落地;没有教师队伍的整体发展,国家富强、民族复兴和人民幸福就无从谈起。当我们站在更高的视角来看待教师这个群体,就能深刻领会 2018 年 1 月中共

中央、国务院印发的《关于全面深化新时代教师队伍建设改革的意见》,作为新中国成立以来党中央出台的第一个专门面向教师队伍建设的里程碑式的政策文件,对于全国所有的教师而言是多么的重要。当全社会共同来关注教师,倡导全社会来尊师重教,不断形成优秀人才争相从教、教师人人尽展其才、好教师不断涌现的良好局面,就会有效改善教师队伍发展和提升教育质量的问题,让更多的力量参与其中,共同推进教育事业的发展,让更多的教师充满动力,立足本职工作,努力开创教育新篇章。

我们把视线从国家战略转到学校教师队伍建设,就不会仅关注某一个教师的发展,也不会仅关注某一类教师群体的发展,而是要关注学校场域全体教师的共同发展,把每个教师都培养成为具有更加过硬的思想品质、更加高尚的师德表现、更好的形象、更高的专业素养能力的新时代教师。因为每个教师都代表着学校发展所蕴藏的潜力,让每个教师发展起来,学校教育变革和课堂教学转型才会落实,学校高质量发展才会成为可能;因为教师队伍的整体变强,是学校持续进步、持续高位发展的实践密钥;因为教师个体发展和教师队伍发展是紧密联系且互相促进的,学校要把教师个体发展的内驱力和教师团队发展的协同力有机整合起来,转化为学校发展的源动力。因此,学校不仅要认识到教师与学校拥有"共同事务"和共同愿景,看到教师队伍发展的价值所在,更要为教师队伍的发展积极赋能给予支持,精心规划和助力教师作为学科教师的专业发展,作为人的全面发展,从而培养高素质专业化创新型的教师队伍。①

没有好教师,就没有好教育。学校是否能探索一条适宜校情且符合教育规律的教师队伍发展路径,关系着学校的教育理想能否达成。首先,在教育实践中,教师育人工作是纷繁复杂的,难以被直接量化,更多的是依赖于教师自觉主动地投入,这就需要教师具备正确的教育理念,立足学校共同的教育愿景,形成实践自觉。只有当教师形塑了共同发展愿景,内心认可教师这一份职业,对这份职业形成认同感,对这个学科形成归属感,才会对教书育人的工作有较高的情感投入、积

---

① 周彬.学校教师队伍治理:理论建构与运作策略[J].教师教育研究,2020(2):13—19.

极的情感注入、强烈的行动意愿①,从而让他们更有意愿从事教师职业和教育事业,也会让他们能够在岗位上有幸福感、事业上有成就感、社会上有荣誉感。其次,在教师的职业生涯发展过程中,教师除了自身努力,也需要外界的支持。当前我们对于教师职后的培养主要是通过教师学习、同伴互助和专家引领的方式,推进基于规律的培训、基于需求的培训、基于差异的培训等。一方面考虑到教师个体发展的差异,每个教师都是具有鲜活生命和丰富经历的独立个体,不仅有其个性化的成长背景和发展历程,也有其独特的优势潜能,尊重教师的个性需求,挖掘释放教师的个人潜能,就成为因材施训的努力方向;另一方面考虑到教师职业发展阶段的差异性,每个阶段教师有其成长的共性问题和需求,有待发展的专业能力和技能也截然不同,如见习教师、职初教师、骨干教师、学科带头人、领军人才等阶段的发展需求是迥然有别的,实现某一类教师群体的共同发展,就成为分层施训的努力方向。这里针对教师队伍的发展是有分有合的,是不仅关注教师个体的潜能,也重视教师群体的优势,更关注所有教师的共同发展。只有学校依托多主体、多维度、多举措共同助力教师个体发展和教师队伍建设,形成教师发展合力,才有可能为教师成长提供坚实基础,才可能实现学校教育高品质发展。

一、形塑共同愿景

教师专业发展共同体是促进教师专业发展的组织基础和重要路径之一,而建立共同愿景则是组建教师专业发展共同体的重要策略之一。由此可见,共同愿景是指一个组织中所有成员认可的、共同的价值观和发展目标,学校共同愿景是师生所追求的共同理想,是学校的发展使命、发展的终极目标和核心价值理念②,也是教师专业发展的动力,能为组织注入一种方向感和凝聚力,使得教师团结在一

---

① 廖传景,贺成成,都奇志,蔡晓丹. 中小学教师职业使命感与职业倦怠的比较研究[J]. 宁波大学学报(教育科学版),2019(6):115—122.

② 刘燕飞. 基于学校愿景的校本培训:理念与构建[J]. 当代教育科学,2015(21):30.

起,为实现共同的目标而团结协作和努力奋斗。① 学校教师在形成共同愿景的过程中,会加深教师对学校发展理念的理解,会提升教师对学校发展规划的执行力度,还会提高教师的个人境界,把个人发展同学校发展有机整合起来,并为之努力奋斗。换言之,学校加强愿景管理就能激发教师潜能,实现自主发展;促进教师专业归属感和文化认同的形成;构建教师共同体,实现教师共同发展,以及促使学校组织由科层组织向专业组织转化。②

反观充满不确定性和复杂性的现代社会,教育改革的任务日益艰巨,家长对优质教育的诉求与日俱增,使得教师面临的现实挑战更加多元化,个体完全无法来应对和承担,要以教师集体的力量和智慧来共同应对,这种集体的力量和智慧就来源于共同愿景的形塑,来源于每一位教师的付出。在这种背景下,我们需要打破传统上对优秀教师的界定,即并非达成所有既定的指标才是优秀教师,而应让每个教师都能发挥自身的潜能,获得最大化发展,成为学校认可的优秀教师,即看到每一位教师的独特之处,欣赏每一位教师的闪光点,推动教师之间互相欣赏、互相学习,彼此取长补短,从而实现教师队伍的整体发展。

(一)明确培养标准

在上南实验小学,为了让学校的每位教师都能获得认可,看到希望,我们在制定好阳光校园的发展规划后,就开始了打造阳光教师的工程,让阳光教师成为学校教师的形象与名片。那么,究竟什么样的教师是阳光教师,什么样的阳光教师是上南实验小学所期待的?为此大家开始了阳光教师标准研究,经过大家反复研讨和交流,经过全体教师的认可,上南实验小学的阳光教师标准得以确认,即建设具备阳光品质的教师队伍,培养善引领、善传递、善创造、善陪伴、善合作的阳光教师。其中善引领是指理想信念的引领者;善传递是指先进文化的传递者;善创造是指活力课堂的创造者;善陪伴是指温暖呵护的陪伴者;善合作是指团队协同的

---

① 文丰安.教师专业发展共同体的建构策略[J].教育理论与实践,2015(17):35—36.
② 李芳.愿景管理:开启教师专业发展的新视角[J].教育科学论坛,2011(7):55—56.

合作者。我们学校的每一位老师都闪耀着阳光的品质,等待着我们去发现、去赞扬、去认可、去传播。

(二)撰写阳光故事

为进一步激励广大教师热爱教育事业,积极进取,引导教师提升职业理想和教育情怀,树立"善引领、善传递、善创造、善陪伴、善合作"的上南阳光教师形象,我们挖掘校园中"阳光教师"的故事,评选出"阳光教师",让阳光校园里充满阳光教师播撒的温暖阳光,引导孩子们健康成长。

我们发起了"阳光教师的故事"的征集活动,号召每位教师撰写自己身边的一位教师的阳光故事,从中发现、寻找、凝练教师身上阳光的品质。首先,"阳光教师的故事"是指发生在本校教师身上的,在教育、教学、科研,以及与学生、家长、同事的相处中,体现其阳光品质的事情。教师可以写发生在自己和身边同事身上的具有阳光品质的闪光事迹。其次,"阳光教师的故事"不拘泥于所写事情的大小,要重点挖掘教师在教书育人中体现的阳光品质,重在真人真事,真情实感。起初,教师们纷纷表示"写不出来,好像没什么好写的",但当真的写起来的时候,一个比一个写得认真,故事一个比一个精彩。或是聚焦于教师专业发展工作,或是聚焦于课堂教学工作,或是聚焦于班级管理工作,或是聚焦于兴趣社团工作,不同类型的工作中都涌现出了我们想看到的阳光教师,这些阳光教师的故事又时时刻刻在激励着我们做得越来越好,成为更好的自己(见表2.4)。

表2.4 我心中的阳光教师故事之一

班主任的工作是琐碎的、辛苦的,甚至是不被人理解的。那时,作为青年教师的我对成为一名班主任一直抱着一点期待,一点畏惧。很庆幸,机缘巧合下我成了她的副班,在办公室里她是一个充满正能量的小暖阳,幽默风趣又能说,聪明睿智又能干,是我心中的阳光教师。 　　犹记得那一天,身怀六甲的我上完课正准备在办公桌上趴一会儿,突然办公室的门被一道外力猛地推开了,"你们哪个是徐老师?"未见其人先闻其声,一道洪亮的男声从我的背后响起,紧接着,一个中年男人气势汹汹地进了办公室。办公室里各自忙碌的教师们都停了下来,一瞬间的安静让人有些不知所措,我转过身,只见背后站着一个寸头高个子的男子,他扫视了一圈,最后将目光锁定在办公室最里面的徐老师身上,伸手指着徐老师大声道:"你就是徐老师吧!我是木木(化名)的爸爸,我今天就是来告诉你,我们木木就是不能在网上交午餐费!只

(续表)

能交现金!如果你再不同意,就把条例拿出来,否则我要投诉你们!"一边说着,手指一边还在微微颤抖。听完他的话,徐老师也起身,笑着打趣道:"啊呀,原来是木木爸爸!你这么大声,吓我一跳,不知道的人还以为你和我有仇呢!"徐老师的从容与幽默化解了紧张的气氛,"我……我不是和你有仇,我就是要告诉你,我们不在网上缴费。"木木爸爸降低了声音。"这样说话挺好的,我们到办公室外面说,这样也不打扰其他老师办公!" 两人便走出了办公室,谁知下一秒徐老师又走了进来,问我借几张餐巾纸,只听徐老师说:"木木爸爸,一看你就是一个关心孩子的好爸爸,刚吃好晚饭就急着来解决木木交餐费的事情了,这样对孩子上心的爸爸可不多见,木木有福气啊。"边说着边把纸巾递给他,"你一定是太急了,嘴巴上的酱油没擦干净。"原本怒发冲冠的木木爸爸面对徐老师的贴心似乎对自己刚才的冲动有些惭愧,低声说道:"我平时忙,她妈妈又不会弄网上付款这套,为了给孩子缴费,我们不知道花了多少工夫,今天还和她妈妈吵架了,哎,老师我刚才有些冲动,但能不能申请还是继续和以前一样,用现金缴费呢?"徐老师表示了理解,并简洁又清楚地向木木的爸爸说明,网上缴费的要求是教育部门统一发布的,就是为了方便家长,而且以后木木上中学、高中、大学可能都是网上缴费了,刚开始操作遇到问题是很正常的,如果妈妈有空,可以约个时间,手把手教她。当然,听下来木木妈妈确实还需要时间,这次可以先交现金,但是财务已经去总校了,徐老师说木木的午餐费自己下班后开车带过去。通情达理又不乏幽默感的一番解释,让木木爸爸紧绷的脸放松下来,他听完老师的话,也表示愿意再研究一番网上缴费的功能,感谢老师帮忙。就这样,办公室门口的交流在和谐声中结束,送走家长后,徐老师带着一份从容回到了办公室。 目睹整个过程的我对此事的印象非常深刻,三尺讲台的打磨,提炼我们更专业的教学能力,与家长的沟通提升我们处事的能力,不论是教学教育还是家校沟通,徐老师都能保持一份从容、自信和诚意,让我敬佩,值得我学习。我想这就是阳光教师吧!

随后,我们又精心组织了"阳光教师故事分享会",让每位阳光教师的品质被更多人看到,让大家看到每个平凡的故事都有阳光特色,让分享的人、与被赞美的人、被分享的人,充分得到尊重,都有充分的归属感、自豪感、幸福感;让聆听的人,感受到学校有美好的故事,有美好的教师。在分享过程中,教师们感触很深,或是笑声不断,或是小声哭泣,想来这一个一个小故事,不仅能让我们重新认识身边熟悉的教师,更能够打开我们对于阳光教师的认识。

书写自己和身边教师的故事,回想、撰写、分享的过程就是对教育教学、对教师职业重新思量、重新感悟、重新塑造的过程。这个过程引导与启发教师寻找身边的美好,寻找身边的榜样,帮助大家看到彼此、欣赏彼此、成就彼此;这个过程是教师自律、自强、自觉的过程,激活教师内驱力,想要成长为更好的自己,成为学校所希冀的阳光教师;这个过程伴随着真善美,是一个学校文化的塑造过程,焕发学校全新的活力,引领学校实现更大的革新;这个过程是潜移默化的价值引领,让每个参与的主体都能在活动中获得浸润与启迪,充分感受到美妙的生命成长。

(三)评选阳光教师

当教师对阳光教师的标准有了认识,对身边的阳光教师有了体会,我们就开始了阳光教师评选活动。先前学校评审流程是每个年级组先推荐一位教师,再进行网络投票,然后根据投票结果遴选出阳光教师,阳光教师的人数少之又少。其间,听到较多的质疑声和反对声,原因在于阳光教师的标准是描述性的,难以客观衡量,隐含较强的主观随意性,投票比的是人缘,无法真正反映出教师的真实水平,无法做到公平公正,间接地窄化了阳光教师的内涵,弱化了阳光教师的价值。那这一次,该如何评选呢?我开始思考评选阳光教师的初心何在,内心的声音是为鼓励教师发展,而非给教师贴标签定等级;是让大多数教师都动起来,而非只让少数教师获得肯定。在组织的讨论中,一位教师的发言让我触动很大,她说:"我觉得,既然我们学校是阳光校园,我们的教师就应该都是阳光教师。"这一句话点醒了我,让我茅塞顿开,阳光校园里的每一位教师都是阳光教师,这理应就是我们共同的追求,也是我们对教师形象共同的理解。

为了转变这一现象,结合阳光故事的撰写,我们把代表阳光品质的关键词进行了总结,如智慧、严谨、专业、努力、热心、幽默、有趣、好玩、积极、好学、善良、温暖、爱心……最终凝练成一张阳光教师名片,包括五个维度:(1)阳光是有活力的。"阳光教师",要拥有健康、拥有蓬勃的生命力,应具有自信乐观、坚强执着的阳光心态,使课堂成为充满活力、充满阳光的地方,让孩子们享受生命力焕发的欢乐。(2)阳光是无私的。"阳光教师"能把"阳光"洒遍校园的每一个角落。他就是爱的使者,能把爱无私地奉献给每一位需要爱的孩子。了解学生、理解学生、尊重学生,给学生如沐春风的感觉,给学生以春天般的温暖。(3)阳光是智慧的象征。

"阳光教师"应该是学习型教师,能自觉加强学习、刻苦钻研,不断提高自身素质,争做一名学习型教师、科研型教师。(4)阳光是热情的。"阳光教师"要有阳光般积极的心态,能以主人翁的姿态投身于学校各项活动中,对待工作有满腔的热情,能顾全大局,勇挑重担。(5)阳光是多彩的。"阳光教师"的快乐也是多彩的,兴趣爱好广泛,有一技之长,并能在工作中发挥特长,抓住每个学生的特点,点燃学生探索的欲望,开发学生创造的潜能,实现自己生命的价值。

随后,我们组织了阳光教师评选活动,让教师们、学生们和家长们为他们认识的每一位教师标上阳光品质的特质,得票最高的那个阳光品质即这位教师最核心的阳光品质,每一位教师都有一个核心阳光品质,每一位教师的阳光品质内容都不一样,每一位教师的阳光品质多少不一样。每一位教师在这个过程中都被看到了、被认可了、被欣赏了、被激励了。让每一个人都看到了目标,看到了榜样。最后学校设置了隆重的颁奖环节,如"最有活力的阳光教师""最智慧的阳光教师""最热情的阳光教师",我在颁奖会上对全体阳光教师说:"希望你们犹如一团光芒,以自己的阳光品质温暖学生的心扉,照亮学生的人生。"这是一次人人参与评选,也是人人是评委的评选,人人都获评阳光教师,但每个人又是不一样的。

二、关注教师差异

教师之间是有差异的,教师群体是有差异的,这些教师的发展既离不开自身的努力,更离不开外界的支持;既离不开教育实践的研究,更离不开教育理论的学习。诚然,一个教师只要在教育实践场域中就会有发展,但这种自主发展是一种主观、随意的发展,效果因人而异,发展的速度和程度会呈现个人差异。为了规避教师个人自主发展带来的潜在风险,学校按照不同教师发展阶段的教师专业发展水平、培训需求和教育实践经验的差异,开展了分层分类的针对性培训,赋予各个层次的教师专业成长和发展的机会,将有助于促进教师个体获得最大化的发展,提升教师队伍的整体素质和专业化水平。①

教师分层分类培养就是在系统分析教师学历、职称情况、年龄结构、教育教学经验等基础上，进行科学化的顶层设计。学校重视不同层级的教师，为他们提供优质的支撑，就能够引领和促进他们以更高的效率朝着更好的方向发展，成为学校所希冀的阳光教师。具体而言，学校教师层级一般可以分为见习教师、青年教师、成熟教师、骨干教师、优秀教师等，对于见习教师而言，重在规范，站稳课堂；对于青年教师而言，重在突破，站好课堂；对于成熟教师而言，重在创新，形成典型课堂；对于骨干教师而言，重在引领，形成示范辐射；对于优秀教师而言，重在特色，形成教育思想。这就需要学校给机会、搭平台、建制度、强考核，逐步让每个层级的教师都获得发展。

（一）教师专业发展的个人理解

教师成长的历程可以分为很多阶段，我依据对教育实践的理解，将其划分为五个阶段，分别是"适应期、关键期、成熟期、高原期、优秀期"。教师在每一个阶段都面临截然不同的要求，我尝试用五个字来概括，分别是"兢、精、静、净、尽"。

1. 适应期——兢——兢兢业业

"兢"即"兢兢业业"，兢兢业业地学习，兢兢业业地工作，这对于新教师适应期是最为重要的。兢兢业业地学习——新教师从理论走向实践，需要全面系统深入的学习。具体到如何解读课文，如何写板书，如何批作业，如何与学生谈话，甚至小到如何拿一张生字卡片，都是需要我们学习的。我们在学校向身边的教师学，外出时向外面的教师学，还可以通过互联网向更大范围的教师学。学校对新教师，都会组织"拜师学教"，安排学科带教导师、班主任带教导师和研究带教导师，我们要充分把握好这个机会，跟在师傅后面、模仿师傅，把一招一式都学过来，不用怕变成"四不像"，觉得什么好就学什么，觉得谁好就学谁，像海绵一样吸取别人的精华。兢兢业业地工作——把学习的东西都拿来，大胆进行尝试，做最大的努

---

① 韩冬梅.中小学教师分层分类培训的问题与对策[J].长春教育学院学报，2018(12):3—4.

力,全身心投入工作中。这个阶段,新教师要用"兢"来缩短适应期,尽早跨越教师这一职业的门槛。

2. 关键期——精——精益求精

"终于与大家差不多了,不再手忙脚乱了!"这样的感慨产生于刚刚过了适应期的多数老师,他们在这个阶段会松一口气。事实上,大家没有意识到,这个阶段是一个教师专业发展的关键期,是教师专业成长的分叉口。若在这个阶段对自己的发展没有什么规划与实施,长此以往,可能就跟不上时代发展的步伐。倘若能够对自己的未来把握好一个字——精,精心的思考、精心的设计,就会向前迈进很大的一步。

在我的成长过程中,当时一名领导就对我说——你要想成为一名真正的优秀的教师,你就要对自己进行一个精心的规划。当我开始思考我的目标是什么,我需要怎么做,什么方面要有大的改善,如何去改善,上多少公开课,文章发表在什么刊物,几年内教学评比争取获哪些奖,要学习哪些名师等问题时,我根据自身的情况精心定制了一份自我发展计划。有了目标就有了努力方向,我在持续努力的过程中逐步走向成熟。

3. 成熟期——静——安静冷静

这个阶段的教师在大家口中属于"成熟、成功"的,经常在不同场域上公开课、经常发表文章、经常获奖。此时,我们需要——静,冷静。我们要静下心来,冷静地思考——我真的成功了吗?其实,这个阶段很可能还是"伪成熟"——上公开课很成功,但有多少是自己的思考?可能更多的是来源于专家、领导、同事的智慧。文章发表了——有多少含金量?是借鉴,还是真正属于自己的总结?有了很多荣誉,自身是否真的与荣誉相符合?冷静地面对,冷静地思考,会让自己认识到离真正的成功还有多远,找到光环下的真实的自己,从而踏踏实实按照自己的规划向前走。

4. 高原期——净——干干净净

每一个在专业发展方面努力的教师可能都会遇到这样的阶段——似乎很努力了,但一直停留在这个水平,很难再上一个新台阶。这个阶段会让人感到痛苦,心生困惑。

有位名教师在介绍自己成长过程时就多次提到"高原期":大家有质疑,上课总是这个风格。自己也开始怀疑自己还能走多远。于是,他选择了"净心",舍去一切杂念,在一段时间内不参加任何比赛,不上任何公开课,不进行任何展示,只做一件事——净心学习。看书,看各种有关教学的书籍;看录像,看各种名师的课堂实录。整整两年的时间,在对教学、对自己有更深的认识后,他开始了新的探索,从而更进了一层。

5. 优秀期——尽——竭尽全力

成为一名真正优秀的教师是每一位教师的努力方向。这个阶段很具有挑战性——教师对教学的理论、对学生的观念、对自己的发展,都要有自己的思想和见解。然而,即使达到这样一个阶段,我们可能还需要时刻记住,并做到一个字——尽,竭尽全力,尽自己的一切努力。因为课程会变、学生会变,研究永远无止境,永远需要尽力。我们所熟知的一些优秀教师在整个教育教学生涯中都是竭尽自己所能,丝毫不懈怠。

(二)教师分层分类的实践思考

1. 见习教师发展

学校非常注重见习教师的发展,以"创设适合新教师内在需求的环境、培养新教师职业素养的习惯、寻求新教师专业发展的途径"为目标,注重坚持规范,寻求内涵发展,从而帮助见习教师尽快适应教师角色,形成良好的教育教学行为规范,强化教育教学实践能力,尽快胜任教育教学工作。

首先,在分析见习教师需求的基础上,设计了入职"五会课程"——"学职业规划、学教学环节、学班级管理、学教育教研、学创造个性",在"五会"中提升见习教师的专业能力和水平,促进教师发展;其次,聚焦"四 MO 课堂"——摸索课、模仿课、磨砺课、魔力课的形式,循序渐进地进行课堂教学研讨,提升教师的专业能力。具体而言,一是"摸索课",铺就专业成长的五彩基石。即确定课题后,让学员独立思考、独立备课、独立上课、独立反思的原生态课堂。二是"模仿课",打开教学世界的魔法大门。即要求学员模仿导师的课,而导师的课,是给予学员的一柄魔杖,指引方向,提供底气。导师们也会在"模仿课"中,有意识地增加符合学员所在年级学生特点的教学方式。三是"磨砺课",通向独立创造的五彩之路。"磨砺课"是精雕细琢的过程,和导师展开讨论、研究,运用更多的形式、更新颖的手段、更特别的媒体去实现课堂效能。学员学会了对整体教材的把控,会明白本学科在不同年级段应该把着重点放在哪里。四是"魔力课",展示研究成果的五彩殿堂。通过前三次打磨,我们放开手脚让学员进行精彩展示,这就是"魔力课"。"魔力课"集中了带教团队整个导师组的智慧、经过精心设计和反复准备,它好似基地学员的华丽变身,散发课堂的魔力,让你刮目相看。当然,其中浸润着基地导师一年的努力和心血。通过这些创新的举措,学校帮助见习教师更好地站稳课堂,扣好职业生涯第一粒扣子。

2. 青年教师发展

青年教师处于职业发展初期,上好课是其发展的重点。要想实现这个目标,一方面要开阔眼界,从不同渠道出发,知道什么样的课是好课,以及如何才能上好课;另一方面要脚踏实地,不管是比赛课,还是日常课,都要认真对待,将其视为修炼提升自我的路径。一节课不是简单的物理上的 35 分钟,背后蕴含着学生求知的 35 分钟、发展的 35 分钟、成熟的 35 分钟,在每一堂课上,不仅是学生在成长,更是教师在成长。青年教师要对"课"充满敬畏之心,只有认真去观课、磨课、上课、研究课,才能厚积薄发,不断推进课堂教学转型,提升课堂教学品质,促进学生发展,实现自身价值,从而更加热爱自己的学科,热爱教师角色,热爱教育事业。

有一天,一群年轻的教师谈笑风生地从我身边走过,他们像我当年一样去参加新教师的基本功考核。我看着他们充满活力的模样,心中十分温暖:又有一批新教师加入了这个神圣的行列。他们在快快乐乐向前走,他们的未来还有许多路要走,一路上还有许多选择与困惑,现在的他们还懵懵懂懂。而我作为处在管理岗位的教师,通过记录我年轻时的经历,分享我的成长心得,希望能给年轻的教师一些善意的提醒。

当我是一个青年教师时,我参加了浦东新区新苗杯比赛的决赛,为这节课准备了很久,上完课的时候,内心如释重负,自我感觉发挥良好,而且学校领导们都纷纷表扬,相信专家也会给予认可,我会获得某个奖项。次日早上,当我还沉浸在欢喜之中的时候,办公室的电话响起,教导处通知要听我的随堂课。我非常惊讶,由于没有好好准备,这一节课的效果不是很理想,可以用一塌糊涂来形容,我内心感到既难过又非常委屈。我一直在全身心准备非常重要的比赛课,昨天刚刚结束,今天就听我的随堂课,我如何来得及准备?而且这节随堂课是学校对我们每个教师的考核之一,这样的结果让我不满意,这样的安排也让我觉得不公平。随后,教导处转达了校长的意见:昨天的比赛课是很好,但这是大家一起长时间共同准备的结果。今天的随堂课则是真实的,相比比赛课,我们更看重教师每一天每一节的随堂课,因为对于学生来说,学校里的每一节课都非常重要。那一年的结果很具有"戏剧性",我获得了新区新苗杯的一等奖,但是我的学期教学考核仅仅是合格。

这件事让我铭记于心,认真思考随堂课和比赛课,认真思考课对于学生发展的价值,领悟到我们不能仅仅是一个成功的表演者,满足于上好一节比赛课,获得好成绩,而是要摆正心态,不论何时何地,不论外界评价多优秀,都需要踏踏实实上好每一节课。我认为,只要引导每个教师,尤其是职初的青年教师,秉承正确的理念,积极地开展教学实践探索,就会帮助每个教师在课堂上提升自我。

3. 骨干教师培养

骨干教师有着成熟的教育教学经验,正在形成或已形成相对稳定的教学模式,能应对和妥善解决教育教学中的各种问题与状况。一方面,他们乐于跟青年教师或其他同伴分享自己的经验,展现自己的教育智慧;另一方面,骨干教师也希冀在原有经验的基础上进一步提升自己的理论高度,凝聚自己的经验内核,形成独特的教育教学风格。

骨干教师是学校的中坚力量,"学校骨干的培养与作用的发挥"是学校发展的重要课题,学校也在不断思考"怎样培养学校骨干""如何发挥学校骨干作用"等问题。《舌尖上的中国》是讲中华美食的纪录片——举重若轻地把中国人情、中国民风、中国平凡百姓柴米油盐的生活故事用美丽的镜头,真实地展示在眼前。受到《舌尖上的中国》这部纪录片的启迪,我们认为,校长面对教师培养,就如同厨师面对食材,正如纪录片中所说——除了食材,更重要的是烹饪,火候的拿捏、作料的配比、刀工的精妙,厨房的秘密就如同我们每个学校培养骨干的秘方,各有特色。受此启发,学校制定了一整套骨干教师培养与发展方案,一方面是发挥现有骨干教师的力量,骨干教师以共同体的方式引领教师参与教研、项目研究等,发挥骨干教师的优势力量,带动教师队伍整体发展,同时通过研究提高骨干教师自身的学习力。另一方面是培养学校骨干力量,学校积极搭建了教学展示、校本课程开发等平台,以及积极引入社区等资源,为教师发展提供全方位的支持,助力青年教师结合自身的特长,找准发展点,早日成为骨干教师。具体而言,学校采取了四个方面的举措,分别是现有骨干,人尽其用;骨干团队,项目凝聚;潜在骨干,精心打造;骨干元素,引导开发。

一是现有骨干,人尽其用。在孙桥小学期间,首先,推行"紧密型团队主题式教研",就是以骨干教师为核心,以团队研究为方式,以问题研究为方向的一种模式。教研组长与骨干教师引领组内教师一起研讨,提出"问题主攻单"作为本学期教学研究的重点。然后,在骨干教师的指导下,围绕"问题主攻单",进行学习教研、交流教研、案例教研、网络教研等。在学期中,骨干教师组织团队开展实践研究,成员进行合作交流评价,真正获得教研的成效。以骨干教师为核心而展开的教研活动,比之以往更有实效。一系列的展示活动也更加有活力、有质量。其次,让骨干教师成为"快乐课堂"研究和实践的引领者,利用区级课题"打造快乐课堂,培养学生良好的学习情感的研究"激活骨干力量,以骨干教师为子课题的引领者,让他们结合自己的专业发展现状,带领全体教师做研究。于是,在骨干教师的引领下,"增强教学的互动功能"等一系列子课题陆续确立,教师们共同探讨形成生动高效的课堂教学,不断探索"快乐课堂"的构建,推进了自身专业的成长,多次公开课展示,多篇文章发表,多次比赛获奖。可以说,骨干引领课题研究,学校课堂的"教"与"研",一片生机勃勃。

二是骨干团队,项目凝聚。只有拥有骨干团队的协同发力,才能让一个学校品尝到发展的美味,发挥出他们 1+1>2 的效果。首先,是探索教育信息化的突击队,在面对信息化发展新挑战中,学校成立了 20 人的教育信息化领衔项目组。让他们利用课余时间虚心学习、大胆实践。第一学期,他们提前做好了全体教师的电子白板应用的培训工作。设备到位后,他们又做了全面的教学示范。项目组在实践中形成了一定的影响力,周边近 10 所学校邀请项目组做示范、引领。在《浦东教育》中开辟了我们学校"信息化环境下农村学校的教师专业发展探索"的专栏,发表项目组的相关论文。学校在上海市、浦东新区均获得论文、课例、教学等奖项。正是这样一个项目组的推进,让一群信息化骨干应运而生,在学校教育信息化工作中起到了领衔作用。其次,是开拓校际联合体的主力军,在学校结对的基础上开始走向校外,将学校骨干与更优秀的教育力量进行整合。从已经有一定影响力的区域数学教研联合体,到"走进名校会名师,沐浴文化促发展"的单个项目结对交流;从与其他学校自主项目校际结对活动,再到上海市教委、浦东新区教育发展研究院指定参与的江浙沪长三角地区的校际联合的项目的启动。随着校际结对范围的扩大,内涵的发展,我们成立的"校际联合体项目组"骨干队伍正日益扩大,项目组成员的专业水平得以提升。我校教师数次到华东师范大学在全国的校长培训班上进行经验交流。项目凝聚了骨干团队,也形成了学校的亮点和特色,我们开始收获发展的硕果。

三是潜在骨干,精心打造。我们的目光也不能局限在一群已经存在的骨干上,而是应该寻找可以转化骨干的举措。首先,开展"快乐校园活动",助力教师脱颖而出。我们针对学校的办学理念"打造快乐校园",每学期都会开展丰富的令人愉悦的校园活动。针对教师的活动有"快乐论坛""点亮心中的爱——师生结对""相约名师,点亮课堂""我的课堂我精彩""快乐校园快乐行"等展示交流活动;对学生的有"快乐阅读节""快乐达人秀""漫游科技节""其乐无穷数学周""我和春天有个约会——快乐英语节"等主题教育活动。我们都是将这一系列活动交给一些我们认为有潜力的教师,由他们各自认领负责执行,而他们的确在锻炼中不断发展,一个个脱颖而出,逐渐走向成熟。其次,学校成立"青年教师快乐飞翔团队",既充分发挥骨干教师在青年团队培训中的带教指导作用,也促进了未来骨干教师的成长。从一份团队培训的详细计划书,到"快乐飞翔团队培养的第二季"方案,无不渗透着我们的期望。与此同时,学校还面向浦东新区举行了"校训引领,快乐飞翔"青年教师快乐成长展示活动,全面回顾了新教师迅速成长的历程,得到了领导、同行的高度肯定。当然最可喜的是,一批年轻教师真的开始一个个崭露头角、独当一面了。

四是骨干元素,引导开发。不可能人人是骨干,但我觉得人人身上都有一些潜在的骨干元素,我们要大力引导开发。首先,是在建设校园快乐文化中频频出彩,在"校训引领,快乐前行"的教师办公室文化建设的展示活动中,我们大胆去发现那些平时默默无闻、教育教学也比较普通,但有一些专长的教师,鼓励他们发挥内在的骨干元素,积极推动他们去尝试。他们在给了我们一份大大惊喜的同时,也让我们更加深刻领悟到快乐校园在于自己创造。其次,是在创新校本课程建设中百花齐放,在分年级特色课程"快乐阅读""快乐科技游""金融与理财""1＋2＋5＋10"的快乐阳光体育等校本课程活动中,我们给每个教师挖掘自身潜力,开发课程,担当重任的机会。学校启动了"创新科技创造未来"的社区资源拓展课程,制定各年级探究系列课程,落实具体探究的基地,确定专家的引领,制定学习任务单、评价单,形成初步的学校探究课程教材的雏形。在这个工程中,教师身上的骨干元素大放光彩,他们积极为拓展课程献计献策,并主动承担课程开发任务,推动了项目积极完成。

诚然,学校在青年教师与骨干教师培养方面采取了不同的措施。我们对青年教师的定位是课堂,上好每一节课,研究教材、研究学法、研究学生是青年教师的必修课,也是专业发展的必经之路。在骨干教师培养方面,尊重骨干教师的个性化,以烹饪之道喻之,发挥骨干教师的个人优势,以带教、研究为切入点,在引导骨干教师发挥自身辐射作用的同时,也激发其自主学习能力,促进骨干教师的自我修炼。按需施培、对症下药契合了学校教师队伍建设的需求,从而为建设一支阳光、活力、进取的教师队伍奠定了基础。

4. 优秀教师发掘

金无足赤,人无完人,不会犯错的孩子是不存在的,完美的教师也是不存的。在我们柔软地包容教师的错误的同时，教师也会柔软地面对学生。我记得一位学者说过："如果面对一篇写得很好但部分字词不一定用得很准的文章，语文教师可能更多的是圈出错别字、划出语句不通，标注得密密麻麻，而忘记了更多地赞美这篇文章本身，让学生从中获得鼓励。"用欣赏的眼光看待教师，发现他们身上的闪光点，及时给予肯定与表扬，往往更能激励他们的成长。

每个学校里都会有一些独特的老师——某一方面很突出，但是同时也会有很明显的常规视角下的"弱项"。例如，李老师上课绝对是百分百投入，认真严谨，获得学生一致好评，但是她有时只做好自己的工作，好的资源不肯与他人分享，在人际关系处理方面比较薄弱；彭老师在做班主任方面是一绝，任何一个班级有任何情况，只要她担任班主任，过一段时间就可以风平浪静，但是她很爱埋怨、总是在办公室发牢骚，向同事传递负能量；冯老师专业特别好，教育教学都拿得出手，为人也很不错，热情大方，但是不拘小节，在基本规章制度遵守上却不尽如人意，如迟到早退；等等。他们虽不完美，但都有一技之长，在日常教学中都取得了不菲的成绩。但每一次到年终评优秀教师，总会有一些教师由同行推荐，但不少行政人员会反对的情况，因为他们对优秀的标准还是更多想着十全十美。因此，每一年的优秀教师，总是这么几个。

因此，究竟如何对待成绩突出但并不那么完美的教师，成为摆在我面前的一道难题。有一次，一位体育教师带领学生获得了浦东新区多个第一名的成绩，成为浦东新区的明星教练。这位教师能取得如此突出的成绩，源于他训练有一套方法，而且不怕吃苦，能够坚持，每一天都带着孩子训练。但是每每到年终分管体育的行政人员提议他为优秀时，就会遭到许多人的强烈反对。原因是他的性格比较古怪，与他人相处总会产生一些矛盾，对领导也是如此。大家自然觉得很不舒服，而且他在其他方面的确表现一般。最后在年终讨论时，分管体育的行政人员知道那一份成绩来之不易，坚持提出"我觉得要给他优秀，否则以后他也没有动力了"。但其他行政人员也很坚持，"如果他是优秀教师，那以后我们就更加不能管理他了，其他教师也肯定会有意见"。我在心里投赞同的一票，因为他获得的成绩是有目共睹的，但这样确实会引起不少的风波。思前想后，我提出："我们可不可以每年设个校长特别推荐奖,来鼓励那些有突出贡献,但还可能不够全面优秀的教师。这样既可以鼓励教师,同时也的确与全面优秀的教师有一些区别度。"大家听到这个建议,都欣然同意了,而校长特别推荐奖就是从那一年开始设置的,我们推荐了很多不够完美但某一方面特别优秀的教师,大大扩大了表彰的范围,同时也鼓励了很多一直没有机会获奖的教师。

这个体育教师拿到这个校长特别推荐奖时,竟然热泪盈眶。这让我更加坚信每一个人都需要鼓励,也让我坚定地要持续设置校长特别推荐奖,激活教师发展内驱力,提升教师发展信心。很多时候,根本没有完全的曲直对错,只是人们看问题的角度不同而已。我们需要善于发现教师的美,面对不完美的教师,不完美的我们要包容。

第三节 重构组织——优化学校工作氛围

学校的教师发展与组织管理密不可分,个人嵌套于组织结构中,其行为会受到组织结构的强烈引导,组织结构对形塑个人行为具有十分重要的作用。[1] 从组织分类的角度来看,学校组织结构包括机械型组织和有机型组织,机械型组织具有严格的结构层次和固定的职责,强调程序的正式化,控制范围狭窄,决策权限高度集中。与之相反,有机型组织结构呈扁平化,规范化程序相对较少,专业化程度较低,决策权力分散。[2] 机械型组织表现为科层组织,员工的积极性、主动性都会大打折扣;有机型组织机构强调教师共同参与,将教学实践与学校工作相结合,使得教师工作得到组织认可,增强教师幸福感。研究结果表明,有机型组织能够直接

---

[1] 罗宾斯.组织行为学精要(原书第13版)[M].郑晓明,译.北京:机械工业出版社,2016:247—249.

[2] 罗宾斯.组织行为学精要(原书第13版)[M].郑晓明,译.北京:机械工业出版社,2016:239—245.

促进教师工作投入。① 因此,学校组织管理不再是一个单向的命令传导机制,而是成为教师工作与学校发展的结合点,成为学校引领教师发展的平台。

学校组织管理要积极改变传统行政主导的组织方式,切实助力教师发展。从教师需求的角度出发,及时看见教师的状态,积极听取教师的想法,与教师共情,重新设计与组织教工大会、教师节、校庆、传统节日等组织活动,将学校组织管理转化为教师发展的沃土;从学校管理的角度出发,校领导用组织承诺为教师发展注入强大的动力,为教师树立短期发展可实现的目标,更要勇于兑现组织的承诺,给予教师积极的强化反馈。在学校组织管理中,看到教师、倾听教师、承诺教师,能让教师获得组织认可的成就感、获得感、责任感,从而更有热情地投入教育事业,引领自身不断成长,推动学校和教师不断发展。

一、看见的状态——滋养教师

教师要成为"大先生",做学生为学、为事、为人的示范,促进学生成长为全面发展的人。教师面对的对象是具有鲜活生命的独特个体,是将要发展、正在发展的独特个体,教师要想让学生获得全面发展,其前提就是自身要成长、要发展,拥有大的视野、大的格局、大的胸怀、大的气象,从而激发育人初心,以爱育人。

(一)"看见"情怀的萌芽

师德、教育情怀是教师为师之本,教师情怀的发展是一种体验。只有在体验中,师德、教师情怀才能无形中被教师个体接受与理解,并转化为他们的教育信念与动力。我们知道师德类的培训是比较难的部分,教师对理论上的空洞说教兴趣不大,甚至内心有一些抵触,致使整个活动流于形式。改变学习形式或许是一种可行的方式,将教师喜闻乐见的方式应用于培训之中,或许有意想不到的结果,

---

① 龚婧.学校组织结构对教师工作投入的影响——组织承诺的中介作用与包容型领导的调节作用[J].教育科学研究,2020(5):53—59.

于是创新性探索和尝试就开始了。

学校每周五召开的全体教工代表大会如何组织是一门艺术。让所有教师愿意参加这样的活动,并能从活动中收获智慧,是不容易的。我们学校早期和大部分学校一样,全体教工代表大会一方面是进行必要的开学、总结、重要文件精神的传达、学校管理工作布置等,另一方面是开展全员学习,提高教师的专业意识。传统讲座式的培训一般较难引起教师的共鸣,费时费力,但收效甚微。面对这种情况,我们一直在思考教育中的真善美如何传递才能被教师理解与接纳呢?这成为摆在学校组织管理面前的重要问题。我在一次翻阅杂志时,无意中看到其中推荐的53部教育电影,我尝试性地打开一部电影看了看,跌宕起伏的剧情深深地吸引了我。而且我在观看的过程中不断结合自己的教育经历去思考,如果我面对这样的孩子会怎么办,再次思考教育初心、反思教育行为。我随即萌生了一个想法——与教师们一起看53部教育电影。第一次我们一起观看了《放牛班的春天》,结束后有教师写了一段话:"每一颗心都需要爱、需要温柔、需要宽容、需要理解。每一个孩子都来自纯洁无邪的地方,永远都应该是人间万分疼爱的珍宝,我们需要用爱呵护与引导孩子的发展。"我想教育电影不仅传达了教育情怀,更让很多教师感受到了教育情怀,更是激发了教师对孩子的爱,对同事的爱,对职业的爱,对教育的爱。通过这次尝试,我知道相比于讲座式的培训,教师们更喜欢这种方式,在沉浸中去思考、去咀嚼、去内化,然后去行动、去探索、去改变。后来,我又选择了一些经典的奥斯卡获奖电影,如《阿甘正传》等,让大家看完后讨论电影,分享感受,成为我们学校特有的一种文化。其间,我们也会推荐一些当下很火的纪录片,如《舌尖上的中国》《人生一串》,大家看得欢乐无比,激动万分;《我在故宫修文物》,让大家惊叹不已,认识了一个不为人知又了不起的职业;《手术200年》《共和国医者》,大家看得肃然起敬,了解医生之道有多艰辛;《决胜荒野》,大家看得目瞪口呆,人永远有超出我们想象的能力;《但是还有书籍》,大家与写书人、做书人、爱书人之间产生了很多共鸣……

大家喜欢这样的全教会,而这样的电影专场式全教会其实包含了我所要讲的各种话。电影形式的教育情怀传递改变了道理说教的枯燥,更容易被教师所理解与接受,其中的内在情感更容易走进教师的内心;观影在形式上具有放松的作用,缓解教师一周的工作疲惫;也能治愈心灵,形成共鸣,升华情感。

教育电影会议(笔记本前言)

尊敬的老师们:

许多教育电影乍看与传统意义上的学校、不苟言笑的教育不甚相关,但这些电影取材于教育,他们探讨教师形象、师生关系、心灵科学等主题。

一部优秀的教育电影带给我们的不仅是视觉享受和艺术审美,更多的是告诉我们什么是教育的真谛,带领我们走进学生的心灵,走向教育的诗性智慧。在教育电影史上,无数影片感染和激励了一代又一代人,其中某一部或许就能让您萌生这样一种想法——做教师真好!

这是 53 部教育电影,也是 53 部灵魂诗篇,更是 53 部生命乐章。

我们倾情向您推荐的这 53 部电影,相当一部分反映了教师的理想、信念和智慧,也有一部分呈现了教育变革的风貌,还有一部分重温了那些年的美好、懵懂与迷茫。

这些电影虽然由不同国家的人拍摄,反映不同国家、不同民族的教育现状及思考,但相同的是,师与生、教和育,都是这些电影的灵魂。

愿您在观影中汲取成长的养料,积攒前行的力量,走向幸福的未来。

(二)"看见"真实的诉求

教师是一份需要身心投入的工作,快节奏的工作强度,强大的工作压力,都会让人疲惫不堪。我们都知道教师的工作时长远远不止在校工作时间,还可能包括在家里和路途上的时间。当我们看到教师脸上呈现出疲惫感时,给予教师不同形式的充分的休息或许是缓解疲惫放松身心的一个好方法。

在繁忙的工作之中,我们度过了一个"特别"的教师节,我们没有开任何表彰会,也没有举行任何活动,包括唱歌跳舞,因为我们认为,最好的节日福利就是让辛苦的教师们好好休息,自由安排,找一个最喜欢的放松方式。教师节过后,学校再组织一次活动,安排一些有趣、好玩的拓展活动,展现教师们的特长。有一次,我们举行"吾六七八九,谁家厨神牛活动"——我们按照出生年代(60年代、70年代、80年代、90年代)为教师分组,进行教师厨艺大比拼。70组异国风情的餐盘让人觉得光看盘子就是一种享受,为此70组准备的原材料居然用上了"拉杆箱"才装得下;80组精心准备的队标先声夺人;90组青年教师的厨房原创惊人……先是规定动作水果拼盘的比赛,然后主食点心和热菜的比拼同时开始。水饺、馄饨、南瓜饼、春卷、圆子和小汤圆,组员们忙得不亦乐乎。各组的厨神更是纷纷拿出了看家本领:蒸炒烧煮烤,天上飞的、水里游的、田里长的都成了盘子里的美食。60组的响油鳝丝虽是家常菜但赢在实惠,70组的炸猪排和虾仁豆腐味道一级棒,80组的咸蛋黄鸡翅很有创意,最有意思的是小字辈90后的"部队锅"竟然整出了一个"团结"的定义……大家纷纷拿起碗筷,围着大圆桌品尝着自己的劳动成果,充满地中海氛围的食堂萦绕着教师们的欢声笑语。

  举行这样的活动的原因,是知道教师们的苦——苦恼、辛苦,了解教师们的累——体力累、心累;尽量与他们感同身受,为教师松个绑,让教师尽情轻松一下。当然,我们也想通过每一个活动告诉大家,各行各业里都有教育的原理。就像这一次的厨艺大比拼——只要愿意花同样的时间,像厨师了解每一种食材一样,去了解每一个孩子,愿意像大厨跟其他的烹饪高手切磋一样,同其他教师交流心得分享经验,在实践中慢慢提高,我们就会慢慢成为一个合格乃至优秀的教师。

  当教师们感受到学校赋予的这份不一样的关心,不但不会松懈,反而会以更加好的状态投入,因为他们需要这份关爱,也希望得到更多的关爱。看见教师的状态,改变教工大会、教师节等组织活动的形式,融入身心放松的元素,让教师感受到组织的关心,感受到学校用爱温暖着每一位教师。教师也再次充满活力,投入新的工作中,形成良性循环,营造了积极乐观向上的良好氛围。

二、听见的力量——信任教师

学校管理不是简单的、线性的、单向的管理模式,而是一个多维的管理模式,教师不仅仅是被管理的对象,更是学校健康发展的主动参与者。一个管理者应该清醒地认识到:不同的声音说明大家对管理层信赖,不同意见中肯定有值得思考的地方,很多意见提供了一种新的思路,反对声强烈说明做法的确存在改进的必要,推进就需要暂缓,否则得不偿失。倾听是彼此间再调整、再认同的桥梁。作为校长,我们必须蹲下身来,倾听教师的心声。管理者不仅仅要会"说",还要学会"听"这个基本功。拥有"想倾听"的欲望和"会倾听"的姿态也是一种能力。倾听,就是在接纳对方的基础上,积极地听,关注地听,并在倾听时适时适度地参与。作为校长,在真诚的基础之上,巧妙地运用好"倾听",也是促进学校管理良性循环的一个妙方。

(一)多维度的倾听

校长的倾听对象是多方面的,包括教师、学生、家长、社区人员等,他们都是学校发展的参与者和支持者,校长应多倾听他们的声音,使其成为开展教学改革的立面之一,引导大家积极支持学校教学改革,并采纳他们的有益经验。校长适当地倾听他们的心声,适当地运用他们的力量,这在学校管理中是非常重要的。

以校庆为例。学校层面肯定是希望举办校庆的,这是学校进一步发展的契机。这时,学校做的第一步不是下命令,而是倾听。我们召开行政会、年级组长会、教师大会、退休职工会、社区代表会、家长会、学生会议等,角色不一样,想法的确也不一样,但我们允许畅所欲言。正是这个立体化的倾听,使得每一个立面都得到了展现。在倾听中,我们也知晓了可能会遇到的一些困难,"三个校区一起开展校庆会有容纳量的困难吗?""要举行校庆,与其他学校一样吗?我们又有什么特别呢?""校庆需要经费,现在这种情况可以庆祝校庆吗?"大家提出的问题,有的现场能做解释与沟通,有的需要做好记录以备在以后的工作中规避同类错误。然后,大家达成高度共识,为了学校的发展而举行合适的校庆,之后大家的接受度和支持度都非常高。

"关于校庆怎么做,我们听听大家的意见。"接下来,我们召开会议继续倾听。因为统一了目标,大家的积极性被点燃,金点子一个接一个:"我们是不是可以举行校庆的一个系列?跨越一年,春夏秋冬""可以线上线下同步进行校庆"。校庆活动的题目——上南正阳光,就来自教师的智慧,它不仅包含着校名,更是包含着学校未来发展的愿景。另外纪念册的设计、节目展演的形式、时间的跨度等,都包含着全体教师积极参与的能动性。可以说,正是因为立体化、多角度的倾听,我们才掌握了许多不一样的信息,为校庆的举办提供了极其丰富的资源,为校庆获得圆满成功打下了扎实的基础。

更大范围的倾听,需要花费更多的时间与精力,但这更意味着我们将获得更多有效的沟通、有效的信息,为学校的工作助力。"多"是一种丰富:是多维中的多元,是多个中的多样,是多思中的多彩,是多方中的多能。要做到既有整体性又有普遍性——引导顺势,从启发到激发,拥有全面的思量。越是重大的决策,越是要听得范围广和全,如此才会有利于决策的正确性、完整性,也更加有利于决策出台后的执行力度。

(二)有深度的倾听

有时候,大家一致同意的事情,并不一定是完美的;部分人反对的事情,并不一定是令人遗憾的。因此,对大家一致赞同的事情做出决定时,我们一定要去寻找不同的意见。这就像是音符中的半度音,不是主旋律,但在不同大调、小调中起到了调和的作用。对这种"半度音"的倾听会让我们对事情的处理更加完善。人们往往有从众心理,却忽视了另一个重要问题:未必大家都认可的东西一定是正确的,有时,"半度音"可能拥有自己独特的见解。"半"是一种契合:是半信中的半疑,是半吐中的半露,是半知中的半解,是半底中的半高。中层对工作有"争执",是一种将事情做得更好的激情的涌动,外在的"争",是为了让工作效果更加的"好"。

有一天,中层办公室里传来一名教师与行政人员争执的声音。我走过去,他们马上变得安静了,似乎无事发生。下午,我在校园里巡视,正好遇到了上午与人起争执的那位教师,她看看我,有点欲言又止。第二天,我专程到那位教师的教室表示:"有空到我办公室来聊聊。"空课时,她敲门进来说:"校长,我对任何人都没有意见,我只是说一下情况。"她讲了一节课的时间,我只是倾听、记录。在倾听中,我发现了管理中的一个很大的缺失,因为这一弊端经常造成矛盾。但又因为这是长期以来的习惯性做法,没有中层去主动改变。所以,矛盾的本质没有解决,随时会发生新一轮的矛盾。作为条线管理的中层干部,"治未病"的意识较为缺失。送走这位教师后,我马上召开了校务会,专项讨论此项工作的改进,后续获得了有效的改善。

　　校长遇见这样的管理生态,是一件好事和幸事。我们在倾听与管理中,要做到既有借鉴性又有思辨性——知行顺位,从分别到分明,拥有工作的力量。倾听时要注意细节度,"细"是一种精致:是细谈中的细品,是细心中的细密,是细微中的细情,是细磨中的细致。要做到既有前瞻性又有拓展性——发展顺畅,从方法到方略,拥有成长的力量。注重深层次的倾听,"深"是一种质量:是深入中的深谈,是深化中的深刻,是深切中的深情,是深处中的深信。要做到既有启示性又有规律性——问学顺通,从反映到反应,拥有追求的热量。

(三) 有温度的倾听

　　教师愿意向校长倾诉,是对校长的一种信任,校长在倾听的过程中一定要尊重教师,特别是倾听谈话时要注意一些细节。比如在倾听过程中不去打断对方;在倾听教师讲述时,最好做一些记录,表明对谈话的重视;倾听对方说话时目光专注柔和且有神情交流,适时给出回应,表示正在专心倾听;没有听懂或没弄清楚的地方,要及时提出并沟通,以免造成误解;要关怀、了解、接受对方,鼓励或帮助他寻求解决问题的途径。千万不能一听赞同意见就笑,一听反对意见就跳,一听没完成任务就训。校长要怀着温暖倾听教师的声音,初期不评论、不指责,后期则给予教师情感上的疏导。

"我不同意这件事情的处理方式。""这么多问题,那你说说怎么处理?"学校有两位中层干部又在办公室里亮开了嗓子。这种情况经常发生,他们常常会因为对一件事情的见解不同争得面红耳赤。也有中层干部私下跟我说:"校长,他们两个人一直这样,影响好像不太好,你就用你的权威让他们暂停争执吧。"我笑着摇摇头。我从没有制止过他们的争执。因为,首先,他们仅仅是在工作方面有争执,私下关系还很不错,是为了将工作做得更好而争执。其次,他们往往争执的是比较重大的事情,在重大的事情出台决策之前,他们因侧重不同的角度产生了分歧,都为自己的想法据理力争。而这些想法,正是校长需要反反复复站在不同角度思考的。他们越争执,校长决策的思路越清晰。另外,他们争执完毕之后,学校最后做出了决定,无论是怎样的决定,他们都会严格执行、严格落实,在执行时不会再有任何的分歧。因此,这种能倾听的声音其实是难能可贵的。

倾听并不一定代表对对方谈话的完全认同,但它能够很好地表达对对方的尊重,是所能给予别人的有效鼓励。有时,教师向校长倾诉不一定需要解决什么问题,而是通过倾听得到情感上的共鸣,从而自然地就解决了一些问题。教师需要在倾听中获得温暖与理解,以及释放压力,希望领导能够体谅教师的难处,产生共情,渴望得到领导的认同。管理层与教师之间往往存在着信息差,这也容易导致误解,需要管理层向教师解释,得到他们的理解与支持。在管理层与教师之间的相互倾听中,彼此获得理解与尊重。

任何一件事情在不同岗位、不同年龄的教师群体中反射弧都不一样,而管理是面向全体的,是一个立体的面。因此,校长要争取在尽可能多的立面上倾听。如同钻石的切割面,每一个面都完美才能成就最终的无瑕。

三、 承诺的可贵——激活教师

组织承诺是教师与学校的心理联结,关乎学校教师队伍稳定、组织目标实现乃至教育质量提升。从校长的领导风格出发探索教师组织承诺的培养路径,主要包括唤醒教师"角色意识",激发和增强教师的教学效能感;进一步促进校长"角色转型",不断提高校长变革型领导水平;顺应"情绪革命",多途径发展教师社会情感能力。[1] 这一研究意味着学校要关注教师的情感需求,从而让教师对学校形成相对强烈且稳定的情感依恋、情感认同和情感参与[2],并且会随时间的推移,获得更加健康的发展。

我们学校不仅关注怎么培养教师的问题,也关心如何留住教师的问题,从而让每个教师都能够把学校视为第二个家,感受到学校的温暖和爱,与学校建立情感上的深度联结,达成发展上的高度一致。为了实现这一目标,学校积极探索多种人文化、民主化的举措,发挥以情育人的作用,最大程度上激活教师内驱力,助力教师持续发展。具体而言,学校关注每个发展阶段教师的需求,精心设计相应的活动,营造仪式感,其中比较突出的就是对 0 岁教龄教师和 30 岁教龄教师的关注。

0 岁是新入职教师的教龄,职初教师刚刚进入一个学校,便有了一个新身份——某某学校的教师,这种外在身份如何转变为内在认同,更多的是依靠浸润在学校文化和空间中,真切体验和感受出来的。为此,我们从新教师入职仪式做起,给每一位新教师送上一份特别的礼物。这份特殊的甲子林礼物,就是种下果树的种子。一棵种在泥土里,与大地在一起,一棵握在双手中,与念想在一起,从而点燃教师对教育的热情,激发教师对学校的认同。这棵树种在学校专门划定出来的区域——甲子林,寓意教师们会在校园里耕耘到甲子年;这棵树是石榴、柿子、枇杷、樱桃、杏子等果树,象征着园丁播种的收获,硕果累累;这棵树是以教师入职的教龄为单位,共同商议选择一种教师喜欢的果树种下,代表着与树同龄,与树共成长;这棵树一般都在每年的教师节种下,种好的果树上会挂上教师自己设计的树牌,人们扫二维码后可以查看种树的时间、果树相关知识、教师姓名、教师期望等,预示着对未来的期盼。从此,上南实验小学的每一位新教师都有了一棵

---

[1] 张婉莹,毛亚庆.校长变革型领导如何影响教师组织承诺——基于中介效应与调节效应的实证分析[J].教育研究,2022(6):134—146.
[2] Allen, N.J. & Meyer, J.P. The Measurement and Antecedents of Affective, Continuance and Normative Commitment to the Organization [J]. Journal of Occupational Psychology, 1990(1):1-18.

属于自己的树，在学校留下了自己的印迹；从此，上南实验小学的秋天变得更加美好了，樱桃红了、枇杷黄了、柿子熟了……教师们会去甲子林，采摘果实，彼此分享，让所有教师品尝自己亲手种下的果树的果实味道，那是阳光的味道、收获的味道、幸福的味道。

30岁是资深教师的教龄。拥有30年教龄的教师会拿到一本专属纪念册。如何在此基础上让他们对这一时刻有更多的记忆，更多的感动，让他们有对过去的回忆，有对未来的憧憬，从而表达出学校对他们深深的敬意和感谢，是学校一直在思考的问题。与职初教师一样，我们也精心设计了一份特殊的礼物——30年教龄的形象照。学校先联系好专门的形象照设计馆，沟通想法——为这批教师做专门的形象设计，再拍一组属于教师形象的美照。然后，我们把这些教师在学校场域里面发生的所有照片进行梳理，包含会议、活动、上课等，寻找出这些教师不同年龄阶段的代表照片，再加上形象照，配上精心的音乐，在学校全教会上，与大家分享。每到这个时刻，大家都会有强烈的反响——"原来几十年之前，大家都这么年轻啊！""李老师这次形象照真好看，笑得好看！""王老师这样挺着身子，真是有气质！"……有位30年教龄的教师在参加过活动后，说道："我拿到30年教龄证书时，感觉自己即将退休了；我第一次来专业的摄影店，享受到化妆师精致的化妆、对服装精心的安排、对摄影动作精彩的指导……这些让我感受到学校给我的温暖，感受到学校对我从教30年的尊重；让我感受到有30年教龄的我们，依然可以年轻、美丽、有活力、有激情，只要保持好心态，就会永葆年轻，可以继续为理想奋斗；还让我感受到要正视自己作为教师的形象，同时也要珍爱自己作为教师的形象。我非常喜欢学校为我们精心安排的礼物……"一份特殊的30年的礼物，燃起教师们内心的人情，激励教师们勇往直前，实现自己的人生价值。

教师的"教"：从教什么到怎样教？"教"字天地宽，智慧策马扬鞭；教师的"改"：从改什么到怎样改？"改"字高山峻，奋力克难登攀。教改是"自鸣钟"：激荡于校长内心，生发于教师行动，研之而后新；成长是"加速器"：过去成就了现在，当下决定了未来，坚持主体性。

第三章　学生的改变——行动中成长

引言

小学阶段是孩子们认识世界、探索世界、思考世界的关键时期。伴随着孩子们对世界的认知逐步升级,他们会表现出强烈的好奇心和探究欲,会习惯性地提出各种问题,并且会持续性地探索答案。在不断提出问题、思考问题、解决问题的过程中,孩子们的学习力和创造力就会得到显著发展。

为了让每个孩子在小学阶段获得更好的成长,我们的课程、课堂、教学都需要随之改变。尽管我们不能在一次活动、一节课中明显看到学生的成长,也没法在一天的教育教学中明显看到学生的变化,但经过一年乃至五年的时间,我们肯定能够看到学生的发展。正因为每个学生都是独一无二的,而学校教育就是为每个学生幸福成长奠基,所以我们每个教育工作者都需要为此而努力,不断推进课堂教学转型,提升教育教学品质,促进学生全面发展。

为了响应教育变革的诉求,回应社会发展的需求,学校对学生的教育必须有改变,"变"字有八笔,笔笔有灵性:

那一点,有智慧:积累在于一点一滴,将课堂主体化,让学生站立中央;

那一横,天地宽:活力在于一举一动,将活动情趣化,让快乐陪伴童年;

那一竖,显干劲:旺盛在于一枝一叶,将课程丰富化,让赋能助力成长;

那一捺,见实效:描绘在于一笔一画,将项目实效化,让探究成为习惯。

在行动中成事,课堂、课程、活动,皆是学生成长奔向远方的"桥"和"船"。我们一次次的改变,是对教育一日日的坚守,只为孩子们一天天地健康成长!

"培养什么人、怎样培养人、为谁培养人"是思考教育问题的起点,其核心在于培养德智体美劳全面发展的社会主义建设者和接班人,培养担当民族复兴大任的时代新人,全方位多要素协同育人,为党育人、为国育才。[①] 立德树人并不只是一个理念,更不是一句口号,而是实实在在的根本任务,需要在学校教育的核心领域和关键环节加以落实,需要贯穿教育教学的始终,从而建构更高水平的育人体系。[②] 这就对"谁来培养人"提出了新要求、新使命、新挑战,即学校和教师都要站在立德树人的高度来思考学校办学和教育教学,以促进学生发展作为学校所有教育工作的原点,同时以实现学生全面发展作为检验教育工作的归宿,从而真正把学生放在学校一切工作的核心位置,关注每一个学生的发展,切实促进每一个学生的全面发展,为每个孩子的幸福成长和全面发展奠定坚实的基础。

学校存在的意义就是能够教育人,促进人的发展。具体而言,学校的价值就在于促进、引导和规范学生个体的发展[③],究竟如何才能够把学生放在学校工作的核心位置,促使学校教育教学,包括学校管理等,都围绕学生的发展进行,是在新时代双新改革背景下需要深入思考的问题。有研究提出以学生发展指导为中心的改革,可以整体撬动教育教学和学校治理模式的改变,实现突破性制度变化,如推行管理架构变革、人事制度变革、课程整合变革等,进而探索适合不同学生的发展指导模式,满足不同学生的发展需求。[④] 有研究指出课程、学科、教学是育人的核心领域,而教学是其中的关键环节,综合是要关注的优先事项,所以要系统推进课程育人、学科育人、教书育人、教学育人、综合育人等举措,推动课堂教学转型,

---

① 吴安春,等.落实立德树人根本任务——习近平总书记关于教育的重要论述学习研究之十[J].教育研究,2022(10):4—12.
② 成尚荣.立德树人与教师发展的新境界[J].西北师大学报(社会科学版),2020(10):110—115.
③ 石中英.论学校的价值[J].中小学管理,2009(1):7—8.
④ 陆云泉.以学生发展指导工作撬动学校教育整体改革[J].人民教育,2017(9):18—19.

提升育人品质。① 有研究提出要把学生现代化发展落实在学校建设的各个方面，进而明确学校工作的目标追求、调整课程建设、更新教育理念、变革学校制度、建设教师队伍等。② 关于如何促进学生发展，从不同视角看就会有迥然有别的回答，但也有共同之处，即关注课堂教学、关注课程建设、关注学习方式等，这为推进学校改进提供了建设性的思路，让学校知道改进方向，从而不断深化学校改革。

第一节 课堂变革——探索以学为中心的课堂

课堂是学校教学的主阵地，是核心素养落地的主阵地，没有课堂教学的转型和变革，就无法提升课堂教学品质，无法促进学生发展，无法推动学校发展。想要让课堂真正发生改变，需要每一位教师把课堂作为改变的立足点，在思想观念上重视课堂、关注课堂，在实践行动上研究课堂、改进课堂，推进以学生发展为中心的课堂教学行动，这不仅契合新课程改革的基本理念，也符合当代课堂教学的价值追求。

以学为中心的课堂教学聚焦学生的学习，就是在课堂教学过程中形成以学定教、以学评教、学教结合、教学相长等基本理念③，其中以学定教是确定课堂教学内容与方法的基本标准；以学评教是评价课堂教学质量的基本理念；学教结合是认识课堂教学性质的基本视角；教学相长是提升课堂教学质量的基本路径。具体到如何来凸显以学生发展为中心的课堂教学，具体策略有激发学生的学习心向、关注学生的个体差异、丰富学生的学习活动、引发学生的探究思维、科学评价学生的学业表现等。④ 当每个教师都能够开展以学为中心的课堂教学行动，课堂教学场

---

① 成尚荣.立德树人与教师发展的新境界[J].西北师大学报(社会科学版),2020(10):114—115.
② 刘祥海.学生现代化发展:学校教育现代化发展的核心[J].教育理论与实践,2020(23):10—13.
③ 冉亚辉.以学习为中心的课堂教学建设的基本理念[J].现代基础教育研究,2022(6):174—178.
④ 段志贵,顾翠红.学校发展:课堂教学行动指南[J].现代中小学教育,2007(12):13—15.

景就会焕然一新，学生就会成为学习的主人，积极主动地进行自主学习、合作学习和探究学习，提升创造性思考问题和解决问题的能力，培育学科核心素养。与此同时，教师也能够通过"学"与"教"的双向互动，在实现育人目标的同时，提升自身教育教学素养。

一、思考课堂，强调多元主体对话

学习就是学生同客体的对话，同自身的对话，同他人的对话，从而认识世界，认识自我，认识他人。对话学习理论强调学生是学习的主体，教师是学生学习的支持者、组织者、促进者和引领者，并且教师作为"平等中的首席"，二者的地位是平等的关系，开展的是平等的对话，有益于建立和谐的师生关系，营造良好的学习氛围，实现教学环境的升级和教学品质的提升。不论是线下面对面的教学，还是在线教学，都需要设计或简单或系统的互动，因为对话互动能够让教师及时掌握学生学习情况，动态调整教学过程，也能让学生知道同伴的学习状态和学习进展，促进互学共赢状态的形成。

"互联网＋教育"成为大势所趋，学校教育要顺应时代发展要求，每位教师同样不能故步自封，而是要直面新形势，思考新问题，即在数字化转型背景下如何开展课堂教学，在疫情背景下如何开展在线教学，逐步将课堂教学与信息技术深度融合，推进信息技术支撑下教与学方式的改革。面对网络上出现海量的优质课堂教学资源这一情况，教师们如何选择和利用这些资源就变得尤为关键。如果认为是优质资源就直接拿来使用，过度依赖在线教学资源，减少了教师个人的教学，这不仅忽视了学生的学情，更是对教育规律的一种漠视，学生学习效果自然不理想。反之，如果教师一味地排斥和抵触在线优质课堂教学资源，没有从中进行学习，进行课堂教学改进，不仅错失了自我成长的机会，还减少了一次让学生学习成长的机会。因此，我们理应重新审视在线课堂教学资源，适切地应用这些资源来弥补自身教学的不足，来提升学生学习兴趣，改善课堂教学品质。

反观学校部分教师由于对课堂教学认识存在一些偏差，发生过直接播放空中课堂给学生观看的情况,引起家长不满,认为教师在"偷懒",甚至要投诉教师。事实上,这种惯性一方面源于疫情背景下在线教学的延续,市教委之前为了确保在线教学质量,组织全市的名师、骨干教师等核心团队精心设计与打磨,录制了所有学科的课程内容,每节课 20 分钟左右,并提供给所有教师和学生,作为线上教学的辅助资源,早期极大地缓解了教师们线上教学的慌乱和迷茫。另一方面源于教师认为这些空中课堂教学资源非常优质,对自己启发很大,加上学校鼓励继续探索融合教学,所以教师开始探索如何在线下教学时最大化发挥在线资源的作用,或是在分析班级学情的基础上截取部分资源,进行重新组合设计;或是结合自身情况直接利用某一块知识重难点的讲解;或是有部分教师直接全部应用,没有进行系统思考和深度融合,导致线下课堂与线上课堂没有差异,仍是 20 分钟的视频学习+练习总结。

这一现象引发我的关注,究竟怎样把线上优质资源融合到线下课堂教学中,怎样最大化发挥线下教学的优势,是重中之重。首先,可以肯定的是,再好的资源也不能是简单的加加减减,而是在学情分析的基础上,结合教学内容和教学方式,有针对性地加以选择和运用;其次,可以肯定的是,线下教学有其优势所在,学生的学习不是在纯粹的被动式接受和练习巩固中发生的,而是在多元主体对话中建构的,形成对学科知识的认识,对学科思维的理解,对真实问题的解决;最后,可以肯定的是,在学校开展融合教学并不是从零开始的探索,而是有一些成熟的实践经验和智慧可以借鉴学习,包括形成相关制度、开展实践研究、进行学生评价等,从而不断探索适宜学校现状和教师情况的融合教学策略。

为了帮助教师们更新教育观念,重新审视反思教育的真谛,思考线下教育的优势所在,我另辟蹊径,在一次教研组长会上告诉大家,我邀请了一个挺有名的脱口秀演员来学校表演,因为表演对场地有特殊要求,需要大家来选择是现场听还是录播教室听。所有教师一致选择了要现场听。我笑着说:"这不都一样吗?隔壁的录播教室的条件非常好,既能看清楚,也能听清楚。"教师们急忙表达,"完全不一样。""花费那么高的门票去现场看,和在手机里看直播,感觉还是差异很大的。"我连忙追问:"哪里不一样呢?"大家你一言我一语地说出了自己的想法,"听是听的清楚,但没有现场感。""在现场会有互动。""大家面对面可以感受到情绪的变化,有眼神的交流,会更加投入。"最后我说:"我同意,那我们就跟脱口秀演员进行沟通,尽量安排好场地,让大家都能在现场观看。"看到大家很开心,我相机加了一句:"所以哪怕是再好的空中课堂,也没有你们自己上的课真实。"相信大家都听懂了我想表达的意思,也希望大家能够有所改变。最终课堂真的有所改变,教师们让学生在课堂有了更多的现场感、参与感、快乐感,有了更多的收获、进步、成长。

当然,空中课堂里的每位教师都很优秀,可是再优秀的教师也不能完全替代学校教师,最关键的原因在于他们的课没法关照到当下班级学生的真实情况,更不能在课堂教学过程中与学生产生对话互动,也不能在课后根据学生的学习情况进行精准辅导和适当改进。总而言之,我们的课堂教学是在秉承促进每个学生发展的理念的基础上,真正地尊重每一个学生、关注每一个学生、支持每一个学生,在这个过程中引导和组织学生与课程内容进行对话、与他人进行对话、与自我进行对话,这种对话不仅仅是言语层面的,也包括非言语层面的,比如眼神、微笑、手势、身体动作等等,每一次高质量的对话都是心灵与心灵互动的美妙过程,对学生身心健康发展会起到举足轻重的作用,对教师提升综合素养和教育水平也有积极的启示。只有师生之间、生生之间在课堂中相互信任与彼此尊重,有平等民主的对话与交流,才能促进师生间深度的思维、思想、价值观以及情感的碰撞和生成,诞生精彩的课堂,让学生在每一节课中都能收获成长的快乐。

二、品读课堂,凸显教师教学特色

课堂是绽放教师风采的场域,也是点亮教师智慧的场域,每一个教师都能在课堂教学中有所思考,有所体悟。一个教师从迈入学校教育领域的那一天起,就要不断思考什么是好课,如何才能上好课,在边思考、边学习、边实践、边改进中,开展课堂教学提质行动,助力自己逐步从站稳课堂转向站好课堂,加深对教育教学的理解,生成教育教学的智慧。在这个过程中,可能由于每个教师的性格、求学背景、学生情况等原因,课堂会呈现不同的样态,但课堂指向都是以学生发展为中心,促进学生的全面发展。

我们学校倡导同一学科教师共上一堂课,通过多轮实践研究课,发现课堂改进的方法所在,发现一堂好课的奥秘所在,发现不同教师的特色所在,从而引导所有的教师都认真备好自己的课,认真观摩他人的课,认真改进自己的课,实现课堂教学品质的整体提升。在一次实践研究课上,胡老师上第一轮课,其新颖的教学设计,良好的课堂效果,获得听课教师的连连称赞:"这课太完美了。"听到大家的肯定,胡老师神采飞扬,金老师却愁眉苦脸。因为金老师要上第二轮课,心里有压力。当我觉察到这种苗头时,轻声关心她一番,金老师也说出了自己的烦恼:"胡老师的课太完美了,我该怎么办呀?我不一定能做好,更不要说去突破了。"金老师的困惑也让我不禁思考,我们的课堂就是追求完美吗?完美的课堂是大家都喜欢且受益的课堂吗?完美之后又该怎么办呢?我没有急着正面回答金老师的疑问,而是先和她一起复盘快乐课堂研究的目标与过程。我们的快乐课堂一般是上三轮课,形成实践—研究—改进—再实践的良性循环,其中第一轮相对辛苦,从零开始,倘若第一轮课就很出彩,第二轮和第三轮实践就会难度变大,授课教师的压力也会增加,然而这个共磨课、同观课、研究课的突破过程,就是教师集体学习、教师个体修炼的成长过程。当教师的课堂不断突破,不断在遵循教育规律的基础上,探索更加适切的教学方式,实现自我成长的时候,课堂已经随之发生了改变,学生的成长也将悄然而至。

一段时间后,我在走廊上遇到了一脸不振作的金老师。我关心地询问道:"金老师,课准备得怎么样了?"她无奈地摇摇头,眼眶泛红地说:"我实在想不出更新颖的办法了。"当我看着金老师陷入困境,而不知道如何打破时,我直接提醒道:"胡老师的课的确很精彩,倘若你只想从教学设计上进行超越,那么我觉得你走进了一个死胡同。"金老师看着我,困惑地说道:"校长,我们的第二轮实践的目标就是超越、突破。"我回应:"我们超越的不是教学设计本身,而是针对不同的教学内容、不同的学生情况,采取有针对性、个性化的教学策略、方式方法,与学生一同实现学习目标。简言之,我们要时刻牢记上课的出发点是什么,只要学生真正有所得就是一堂好课!哪怕是最朴素的教学设计,最简单的教学策略,只要让学生上过课后有成长和收获就好。"金老师听完后，有一种如释重负的感觉，说道："谢谢校长，我好像有点明白了。"金老师进行的第二轮实践教学虽说没有胡老师的教学设计新颖，但大家同样觉得这是一节好课，这样的评价给予金老师莫大的鼓励和肯定，同样也给予了金老师继续探究课堂改进课堂的信心和智慧。在总结会上，胡老师和金老师共同写了一首散文式的小案例（见表3.1），用文字记录了他们的心路历程，展现他们对于"好课"的新思考，以及他们在上课过程中的新体悟和新成长，一次同课异构的过程，让每个教师看到自身的特长所在，让每个教师在打造个人代表课的路上有了新方向。

表 3.1 两个人的一堂课
——快乐课堂·历久茗香

前言

胡：我，站在三尺讲台。眼前，闪烁着孩子们好奇未知的双双明眸。耳畔，回荡着孩子们悦耳清亮的朗朗书声。心中，浮现着孩子们活泼律动的翩翩身影。

金：我，钟情那一小片茶叶，它如此细小、纤弱，又无比微妙。当它一旦与水融合，便释放出自己的一切。

合：我们是老师。或许，我们也可以努力做一片小小的茶叶，为孩子们的课堂带来阵阵茗香。

茶之缘——齐心的目标

金：当我接到任务，被安排作为"快乐课堂"的实践者时，内心的激动，很快被随之而来的紧张、彷徨所代替。

胡：是啊，两个人的一堂课。我们怎样才能一脉相承，又呈现自己的特色，真正使课堂快乐起来？

合：我们共同讨论，我们一起思考。因为我们有着同一个目标。可是，由谁先来开启这未知的旅程？

金：如果由我上第一次的实践课，固然可以有更多的细节能有所创新，但是这第一次，开头的好坏，直接影响到下一次实践的老师，我倍感压力。

胡：假如我来上第二次实践课，虽然能够在前一轮的基础上取长补短，但是谈及创新亦是困难重重，我也不知所措。

合：最终，我们决定将自己茶的个性融入课堂。

金：我像绿茶，我希望在第一次的课堂实践中用自己的灵动创意将绿茶的清澈、明净撒向孩子们的心田。

胡：红茶如我，我渴望将更多醇厚浓郁的思考带给第二次的快乐课堂，为孩子描绘落霞满天。

(续表)

合:为了孩子们的快乐成长,只要我们用心灵做杯,以智慧为水,就能品味出课堂的快乐和真美。

茶之道——用心的准备

金:两次分工已明确,可是我们要上什么?

胡:快乐课堂要快乐,课题的选择决不能小觑。

金:我觉得课文内容要贴近学生实际,让学生有话可说。

胡:我认为课文语言要吸引学生兴趣,使学生借鉴表达。

合:你一言,我一语,智慧碰撞出火花,交流融合间,一曲"我喜欢小动物"开始回旋起叶的华美。

金:可是,我该在第一次的课堂实践中怎样推陈出新,体现"学生为主"的"快乐课堂"?

胡:让我们首先从认真研读教材做起,抓住每一个可以有所突破的细节。

金:对了,我们还要再一起学学前辈老师们优秀的教学设计,启发新思路。

胡:是啊,别忘记我们的"快乐课堂观察评价表",这一次的观察重点是"创设良好氛围,学生认真倾听"。

金:谢谢你的提醒与帮助,每一次的试教,因为有你,使我安心自信,又让课堂获得了更大的提升。

胡:你对我又何尝不是!你的努力付出,让我在正式上课时启发良多。

金:磨课的过程艰辛苦涩,一个个挑灯夜战,一次次推倒重来。

胡:茶有千般味,课有千般味,只有自己知。

合:但有时,就是因为其中的一个用心的瞬间,即可铭记永远,香透一生。

茶之宝——真心的帮助

金:试教课上,沉闷的气氛,学生们不解的眼神,让我无所适从。

胡:是啊,我们不是做了充分的准备吗?

合:怎么办?距离正式上课的日子越来越近。

金:独木难成林,单丝不成线。一个人的力量是单薄而有限的。

胡:当我们在孤立无援的时候,是你们给了最真挚的帮助。

合:是前辈老师的出现,为我们重燃起希望的火苗。

金:每一次的试教,都有你们认真的聆听,仔细的记录。

胡:每一次的研讨,都有你们深刻的剖析,全面的指导。

金:我要控制语速,注意过渡语的使用。

胡:我要关注学生的表达,及时进行评价。

合:一路走来,谢谢你们手把手地教会我们将磨课的辛劳一一煮沸,终究煮成一杯淡淡的清香。

茶之韵——开心的收获

金:终于,我要进行第一次"快乐课堂"的展示了,紧张、兴奋,百感交集。

（续表）

胡：台下的我，看着你的付出终究换来了满满的收获，真为你高兴。而我也正从你的快乐课堂中汲取着思考。 金：别紧张，我会尽我所能帮助你，就像你曾给予我的一样。 胡：确实，在我每一次修改教案的背后，都有你最中肯的提醒。 金：专家老师的点评更让我们体会到了想要成为一名真正的好老师，还有很长的路要走。 胡：这是一条艰辛不易却又充满惊喜与收获的成长之路。 合：我们也终于明白，是孩子们的快乐成就了我们当老师的快乐。 金：反复的磨课让人倍感苦涩，这才换来了那最后一口的甘甜清香。 胡：尽管我们都偏爱这份甘甜，但苦才是茶的真味，也是好课的真味。 合：有时，最苦涩时正是芳香将至，也是最能让人成长的转折所在。 **结束语** 金：三尺讲台，我和我的学生。 胡：一杯香茗，茶与茶的融合。 合：只为给孩子们的课堂带来阵阵香茗，我们愿认真做好一片小小的茶叶，静静绽放，悠悠飘香。

三、研究课堂，提升课堂教学品质

课堂教学是一门科学，也是一门艺术，不仅需要遵循教育教学的基本规律，也需要探索因材施教的建设性策略。面对基础教育改革和新一轮课程改革，课堂教学作为培育学生核心素养的主阵地，需要及时回应政策要求，响应改革需求，推进课堂教学研究，助推课堂教学转型。这就为学校改进指明了方向：以课堂教学为立足点，从不同角度出发进行课堂改革，或同课异构，或课题研究，或课程开发，或教师培训等，共同指向课堂教学品质提升，指向学生素养培育和全面发展。

区域发布了新一轮的课题申报通知，在大家思考以什么作为课题切入口时，我第一时间想到的就是课堂教学，只因为课堂教学是学生每天接触最多的场域，也是促进学生发展最重要的场域，让教师的课堂教学哪怕发生一点点的改变，都能对学生发展产生积极的影响。在我说出自己的想法后，教科研主任说："从研究课堂这个角度出发,课题新颖度不足。"课程教学建设部主任说:"立足课堂开展研究,这个过程会相对辛苦。"教师发展部主任说:"课堂教学研究出成效慢,可能还不会有成效。"我理解他们的思考和困惑,课题选题的新颖度、执行的困难度、成效的显著度等,这些都是要考虑的因素,但是我们的方向肯定是正确的,课堂永远是我们培养学生的主阵地,无论怎样深入研究都是理所应当的,再加上学校现在有实力有精力,就更应该关注核心的课堂教学,让课堂教学品质有所提升,让学生从课堂教学中受益更多。最后,我们达成了一致,以课堂作为课题的研究点,迎难而上,力争突破,形成可资借鉴的学校改革经验。

　　我们的教师在潜意识里总是以为,研究是高校教师和科研院所教师的事情,自己的主业就是上好课,而忽视了教师本身有一定的研究能力,有必要探寻上好课的要义所在;另外也忽视了课堂研究是作为理论与实践双向建构的研究方式,为理论与实践、专业研究者与实践工作者提供了互通的"渠道"和"走到一起来"的平台。[①] 这是一种自主研究与合作研究相结合的方式,一线教师可以在专业研究者的引领下更加持续地研究当前课堂教学的真实问题和前沿问题,但是专业研究者和教师实践者都习惯于按各自的"做事规则"和"思维方式"行动,由此就会导致双方的一些"貌合神离",致使许多教师在专家讲座和专家指导后,会跟我反映说"我听不懂","我更不知道怎么做研究了"。尽管我也不是非常懂,但我仍然鼓励大家:"专家总归比我们想得更远更深,也把一些最先进、最高深的理论带给我们。所以我们有点不懂是正常的,正因为不懂,我们才要一步一步去研究。"如果我们尊重差异,正视差异,欣赏彼此长处,互相取长补短,就能够不断让课题研究走向深入,让课题研究助力教师专业成长,助力课堂教学变革,助力学生发展。

　　我们学校申报的区级课题名称为"打造快乐课堂,培养学生良好学习情感的实践研究",9月成功通过教育局批准,成功立项,成为学校四年发展的龙头课题。第二年1月,学校举行了课题开题仪式,提出让全体教师参与课堂实践研究,共同推进课题研究。为了让所有教师参与,学校想到的是设计一张符合课题研究的课

[①] 张鹏君.课堂研究的审视与反思[D].武汉:华中科技大学,2016:1.

堂教学评价表,让教师们有支架有依托,然后不断研究课堂。我们首先想到的是规范合理、系统全面、客观有效的"浦东新区中小学课堂教学评价表",先组织课题核心组对其进行学习、借鉴、设计,从中选择了"教学过程""教学效果"模块,以及增加了"学生表现""教师表现"模块,同时又围绕"快乐课堂、学习情感"制定了具体的评价指标,初步形成了"学校'快乐课堂'教学评价表(讨论稿)"。5月,学校组织了第一次课题研讨活动,即对评价表提出修改意见,杜老师认为要增加"教学目标"模块,这是判断课堂是否有效的标准;王老师建议将"教师表现"改为"快乐教学","学生表现"改为"快乐学习",促使评价方向更加明确,以及评价维度更有学校特色;周老师提出可以增加"快乐分享"模块,便于教师记录课堂里呈现的"快乐元素"等等。大家还明确了"快乐教学"要围绕创设氛围、丰富资源、引导体验、培养能力等四个维度进行评价,明确了"快乐学习"要围绕主动学习、勇于交流、善于合作、乐于探究等四个维度进行评价,还就多元评价方式达成了共识,促使课堂不仅能促进学生的智力发展,而且能培养学生的情感发展。这次活动过后,经过对评价细目的完善与修改,"'快乐课堂'教学评价表(修改稿)"终于出炉。然而,大家并不满足于此,课题组要求核心组成员围绕评价表继续思考,提出修改建议。在充分的讨论后,"'快乐课堂'教学评价表(试行稿)"(见表3.2)初具雏形。

表3.2 "快乐课堂"教学评价表(试行稿)

姓名		时间		班级	
学科		课题			
评价	评价指标			课堂表现	得分
教学目标 (10分)	符合课程标准要求,切合学生实际,体现"三维"目标有机统一				
快乐教学 (40分)	1. 创设氛围。教师要用自己良好的情感引导学生进行交流、合作、沟通;善于运用激励性评价语言,营造民主、平等、和谐、互动、开放的学习氛围,激发学习兴趣				

(续表)

评价	评价指标	课堂表现	得分
	2. 丰富资源。根据学科特点和教学内容,恰当运用多媒体或其他教学手段进行教学,开发并有效地利用教学资源,捕捉生成资源,发挥教学机智,提高教学效能		
	3. 引导体验。创设学习活动情景,积极引导学生思考、表达、观察、操作、实践、探究和练习等各种体验活动;尊重和鼓励学生的求异思维和创新思维		
	4. 培养能力。开拓学生的视野,培养学生良好的学习习惯、学习能力;尊重个体差异,重视非智力因素、元认知能力的培养与引导		
快乐学习（40分）	1. 主动学习。在教师指导下主动地参与学习活动,认真倾听别人的意见,思维活跃,有克服困难的勇气		
	2. 勇于交流。师生之间交流形式多样,频率适当,能勇于表达自己的观点,分享彼此的思考、见解和知识		
	3. 善于合作。师生共同合作,平等交流,共同实现任务分担与成果共享、相互交流与相互评价,体验被他人接受、信任和认同的情感		
	4. 乐于探究。在学习过程中主动探究,善于利用各种资源探究,拓宽知识面,提高分析问题、解决问题的能力		
教学效果（10分）	1. 知识目标有效落实,能力目标得到有效训练或提高,情感态度目标得到培养或体验		
	2. 学生有愉悦的学习情绪和积极的情感体验,学习积极、主动、高效,享受学习成功的快乐		
总分		等第	评议人

备注:累计得分85分以上为优,75—84分为良,60—74分为中,60分以下为差

当有了"快乐课堂"教学评价表(试行稿)后,课题项目组为了让多元主体参与到评价中,比如同伴评价、教师自评、学生评价等,从不同角度出发客观地反映课堂教学真实境况,经过多次研讨,研制了任课教师"快乐课堂"教学自评表(见表3.3)和学生"快乐学习"自评表(见表3.4),其中教师自评表从教学目标、快乐教学、快乐学习、教学效果、快乐感受等维度进行设计,学生自评表从上课参与、学习成果、教师表现等维度进行设计。这些简单又可操作的评价指标和评价方式,有助于开展常态化评价,并且运用评价的数据来改进课堂教学,形成良性循环的状态。

表3.3 任课教师"快乐课堂"教学自评表

姓名		时间		班级			
学科		课题					
评价项目	评价指标				自评		
					好	较好	一般
教学目标	符合课程标准要求,切合学生实际,体现"三维"目标有机统一						
快乐教学	1. 创设氛围。教师要用自己良好的情感引导学生进行交流、合作、沟通;善于运用激励性评价语言,营造民主、平等、和谐、互动、开放的学习氛围,激发学习兴趣						
	2. 丰富资源。根据学科特点和教学内容,恰当运用多媒体或其他教学手段进行教学,开发并有效地利用教学资源,捕捉生成资源,发挥教学机智,提高教学效能						
	3. 引导体验。创设学习活动情景,积极引导学生思考、表达、观察、操作、实践、探究和练习等各种体验活动;尊重和鼓励学生的求异思维和创新思维						
	4. 培养能力。开拓学生的视野,培养学生良好的学习习惯、学习能力;尊重个体差异,重视非智力因素、元认知能力的培养与引导						

(续表)

评价项目	评价指标	得分		
		好	较好	一般
快乐学习	1. 主动学习。在教师指导下主动地参与学习活动,认真倾听别人的意见,思维活跃,有克服困难的勇气			
	2. 勇于交流。师生之间交流形式多样、频率适当,能勇于表达自己的观点,分享彼此的思考、见解和知识			
	3. 善于合作。师生共同合作,平等交流共同实现任务分担与成果共享、相互交流与相互评价,体验被他人接受、信任和认同的情感			
	4. 乐于探究。在学习过程中主动探究,善于利用各种资源探究,拓宽知识面,提高分析问题、解决问题的能力			
教学效果	1. 知识目标有效落实,能力目标得到有效训练或提高,情感态度目标得到培养或体验			
	2. 学生有愉悦的学习情绪和积极的情感体验,学习积极、主动、高效,享受学习成功的快乐			
快乐感受				
总体评价	好(　　) 较好(　　) 一般(　　)			

表 3.4　学生"快乐学习"自评表

姓名		时间	月　　日
班级		学科	
课题		任课教师	
评价内容			评价等第
1. 课上的时候很生动,很有趣,很开心,我喜欢			☆☆☆☆☆
2. 课上,我能够做到认真听讲,积极开动脑筋思考问题,积极举手发言回答老师的问题			☆☆☆☆☆
3. 课上,我可以和同学很热烈地讨论问题			☆☆☆☆☆
4. 老师很亲切,经常表扬我们			☆☆☆☆☆

(续表)

评价内容	评价等第
5. 老师会鼓励我们去发现、提出问题，回答问题错了也没关系	☆☆☆☆☆
6. 我觉得课上得很开心，我有收获，我喜欢学习	☆☆☆☆☆
我有话说：	

当全校教师都对"快乐课堂"教学评价表(试行稿)、任课教师"快乐课堂"教学自评表和学生"快乐学习"自评表有了全面了解后，学校在第二年11月就组织了第一轮第一次课题的课堂实践活动，区科研专家对"快乐课堂"教学评价表、"快乐学习"学生评价表都给予了高度肯定，同时提出了富有建设性的宝贵建议。于是，课题核心组再次组织研讨，集中改进"试行稿"，朱老师建议修改评价方式，除了统计"分值"，增设"合格""成熟""高原"三个评价等第，使得评价结果更加清晰；周老师设想增加"课堂表现"板块，将"教学评价表"和"听课记录表"合二为一，使课堂评价与记录更加便于使用、贴合实际；沈老师、秦老师提出要修改教师自评表和学生评价表，进一步梳理评价指标细目和规范语言表述方式，使得评价更具针对性，更加切合实际，在大家集体讨论下，"快乐课堂"教学评价表(暂行稿)出炉了。学校在12月，第一轮第二次课题的课堂实践活动中将该表投入运用。这次课后研讨活动结束后，大家都认识到课堂实践活动应该是对"快乐课堂"的追求，"快乐课堂"应该是我们寻求的方向与目标，而不是重在评价，所以课堂实践活动应该以"课堂观察"的形式开展。

基于这样的理解，我们将教学评价表转化为课堂教学观察表，课题核心组再一次行动起来……通过思考—设计—研讨—修改反复研磨，经过众人的努力，"快乐课堂"观察表(表3.5)终于呈现在每一位老师面前，主要包括教师快乐教学(创设良好氛围、丰富适切资源、组织有效体验、关注多方需求)、学生快乐学习(认真倾听、积极思考、敢于表达、乐于合作)两个模块，每一个"观察项目"都精心设置了具体的观察细目，两大"观察对象"各四个"观察项目"，我们准备每学期确定一个观察重点，引导教师逐个思考、逐个观察、逐个研讨、逐个积累，进行有效的观察、有效的反思。

表 3.5 "快乐课堂"观察表

执教教师		学科			班级	
课题		课时			时间	
观察对象	观察项目 (带"★"为本阶段重点观察点)		观察结果			观察与评价
			明显	一般	偏低	
教师(快乐教学)	**创设良好氛围★** (有没有从学生的兴趣和需求出发组织教学活动?组织的活动有没有激发学生学习的热情?对学生的表现有没有及时恰当的回应形成互动?有没有激励性的评价?……)					
	丰富适切资源 (有没有结合学生的生活实际创设情境开展教学活动?有没有充分运用网络资源充实教学内容?有没有发现和利用课堂生成的教学资源?教学资源是不是有助于学习目标的达成?……)					
	组织有效体验 (有没有足够的时间让学生进行思考与实践?有没有鼓励学生质疑问难和发表自己的见解?练习和提问是否引起学生的思考?有没有培养学生各种能力?……)					
	关注多方需求 (有没有以学生的自主学习为基点来组织教学?有没有找准教学的起点和生成点,为学生搭设展现自我的舞台?有没有及时发现学生学习中的错误、困惑和差异,相机诱导和点拨?……)					
	教师教得快乐吗?					
学生(快乐学习)	**认真倾听★** (有没有听清老师的提问和同学的发言?有没有分辨他人发言中的对错、优劣?有没有根据倾听的内容作出正确的回应?……)					

(续表)

观察对象	观察项目 (带"★"为本阶段重点观察点)	观察结果			观察与评价
		明显	一般	偏低	
学生(快乐学习)	**积极思考** (有没有主动参与学习?有没有独立的思考,独立的见解?合作学习时有没有主动参与讨论,有没有补充完善?有没有发散性的思维和奇妙的想象?有没有质疑问难?……)				
	敢于表达 (有没有敢于表达自己的想法?有没有积极参与讨论,争取发言机会?对他人的发言有没有提出自己的疑问和想法?……)				
	乐于合作 (有没有愉快地与他人合作开展学习活动?有没有懂得赞同或者发表不同的观点?有没有能够友善恰当地评价别人?……)				
	学生学得快乐吗?				
综合评价	优秀		良好		合格		须改进

自从有了这张"快乐课堂"观察表,各个项目陆续开展了课题课堂实践活动,课前围绕观察重点,思考教学设计,分工观察指标;课中开展有针对性的观察、有针对性的记录、有针对性的评价;课后开展有针对性的交流、有针对性的研讨、有针对的反思。当大家体验到"快乐课堂"观察表带来的价值时,学校在第三年4月和5月,分别开展了第二次第一轮和第二轮课题的课堂实践活动;在11月开展了第三次第一轮课题的课堂实践活动;在第四年5月开展了第四次第二轮课题的课堂实践活动;在10月开展了第五次第一轮课题课堂实践活动,教师通过这张观察表,一次又一次地实践,一步一个脚印,扎扎实实如火如荼地开展着课题研究活动。伴随着对观察重点的逐个研究,快乐课堂元素逐渐清晰,课题研究逐渐深入……这就是一张观察表的故事,它是一个奋斗的故事,一个努力的故事,一个改变的故事……它是所有教师共同成长的故事,共同进步的

故事,如今故事还在继续,课题的研究还在继续,学生的成长还在继续……

第二节 活动体验——走进学生内心世界

学校一切教育教学活动都指向学生核心素养培育,知识习得和技能掌握是素养培育的前提,体现为认知层面的发展,而素养则嵌入个体与真实世界的特定任务与需求的互动之中,以行动的形式体现出来,强调知行合一、学思综合,增强学生认识真实世界、解决真实问题的能力。为了培养一个具备综合素养(关键品格和必备能力)的人,需要创设丰富多样、富有教育意义的活动情境,以真实的创新体验活动作为载体,发挥学生的主体性,让学生亲身去经历、去体验、去感受,在实际行动中内化所学的知识和技能。

体验学习是学习者全身心地投入一定的情境中,通过精心设计的实践或反思活动,生成个人态度、观念认识、情感培养以及对生命意义的理解的学习。它具有一些特性,如体验学习注重体验的过程、指向理念的认识;体验学习是个体和环境之间的作用;体验学习具有连续性的特征,不是"一次性"的体验;体验学习是一种"反思性学习",而不是单纯的"做中学";体验学习是团队活动学习。[1] 当我们对体验学习有了新的认知,就会明晰什么样的体验学习是有价值的,以及会为开展体验学习提供理念支撑。

为了让学生拥有鲜活且有意义的体验,在体验中获得成长和发展,首先,学校教师要更新教育观念,形成以人为本的理念,视学生为具有丰富经历的独特个体,是教育教学的主体,从而充分调动其自主性和能动性,让教育活动富有成效;其次,学校教师要开发体验课程,精心设计教育活动,体现出活动的具身性、体验性和实践性,让学生在活动中通过真实体验、交流互动、思维碰撞,逐步深化认知,培

---

[1] 郑淼.体验式课程的评价研究——以上海市实验学校 STS 课程评价为例[D].上海:上海师范大学,2013:19—21.

育核心素养;再次,学校教师要自觉运用体验学习的方式,与其内涵相似的有发现学习、主动学习、活动学习、经验学习等,与自主学习、合作学习有机整合,激发学生学习兴趣,提升学生学习动机,改善学生学习品质,即丰富学生的已有经历,让其获得深刻的学习体验,形成深度的学习反思,养成探究思考的习惯,以及增强问题解决的能力;最后,学校教师要和学生一同创设体验学习的环境,将学生作为体验学习的重要参与者,参与学习的全过程,从而为学习者提供丰富的与生活相关的学习经历和经验,切实满足其生命发展需求,实现其生命的价值与意义。关于如何进一步开展体验学习,大卫·库伯在研究了杜威经验中心学习模式、勒温实验室培训模式以及皮亚杰学习与认知发展模式的基础上,建构了"体验学习圈",即四个阶段的循环过程,分别是具体体验、观察反思、抽象概括、行动应用等。人类的学习就是四个阶段的循环往复,每一次循环的具体体验都是在新的情境中检验抽象概括形成的概念的意义,此外循环并不是回到原点,而是螺旋式上升的过程。[①] 这一研究拓展了学习空间,除了课堂,还有课堂外的广大天地。同时,该研究丰富了关于学习的理解,即学习是一种社会过程,是精心设计的体验,对于学校开展体验学习具有借鉴意义。

我们在教育实践场域中,一直在探索如何多让孩子做有意思的事情、有意义的事情,从而让教育深入人心,真正走进孩子们的世界,走进孩子们的心灵。在体验学习理念的启发下,我们明确了要尽可能地为学习者提供丰富的经历和经验,开发指向自我、自然、社会以及文化的课程,通过体验课程的学习,学习者能够在自我、自然、社会以及文化维度上获得相应的观念认识;并且在自我、自然、社会以及文化维度上获得更加丰富的经历和经验。[②] 这意味着校长需要同步提升其学科领导力和课程领导力,而课程领导力是校长领导力的核心所在,也是学校改进的核心技能和软实力。因为人的培养必须要以系统科学的课程体系作为支持。进

---

① 库伯.体验学习——让体验成为学习和发展的源泉[M].王灿明,等,译.上海:华东师范大学出版社,2008.

② 张华.经验课程论[M].上海:上海教育出版社,2004:251.

一步而言,校长要想成为课程改革的领路人,就需要系统梳理课程领导新理念;要想成为思想家型的课程领导者,就要形成有关课程领导的技能。课程领导在本质上涉及课程与教学、教师专业发展、学生学习、课程资源开发、学校课程文化氛围建设等方面的问题,意图让学生在丰富的课程中获得成长的仪式感、参与感、成就感。①

一、活动课程系列化,提升仪式感

丰富的课程是学生学习的全部内容,是学生全面发展和快乐成长的重要保障。学校有必要基于学校实际、学生实际、教师实际,开发遵循国家教育方针、契合学校发展规划、满足学生发展需求的多样化的校本课程,这些课程开发不仅能够为学生提供丰富的、完整的、难忘的学习经历和经验,也能够帮助教师提升课程意识,增强课程开发能力。校长作为学校课程改革的领路人,要认识到课程的本质是学生的需求,要看到活动性体验课程对学生发展的价值。一方面要不断优化课程结构,真正开发出让学生有兴趣、对学生有意义的活动课程。另一方面要倡导学习方式的变革,强调亲身体验,强调实践和创新,培养学生的创新思维、问题解决能力和合作能力等,从而激发学生对新知识的渴望,对学习的持久兴趣。值得强调的是,活动体验性课程的内容设计除了我们熟悉的系列主题活动、社会实践、社团活动之外,还可以包括学生的人际关系、校园文化建设和学生行规训练等主题,让学校成为人人是课程、时时有课程、处处皆课程的场域,让学生享有一个精彩纷呈的学校生活,享有一段铭记于心的学习经验,从中学会生活、学会做人、学会合作、学会学习。

学校将一系列活动课程化,而这些课程蕴含着仪式的教育价值,学生在参与其中时不仅会让个人的学习历程更加丰富,也会间接或直接感受到仪式的影响。正所谓学校举行的一切仪式都蕴含着"神圣感",一次刻骨铭心的仪式可以让学生

---

① 程晋宽.课程领导:学校改进的核心技能与软实力[J].中小学管理,2013(9):22—24.

终身铭记,胜过千言万语的"唠叨式灌输"。① 具体而言,我们学校主要是设计校内外的系列活动课程,包括综合实践课程、仪式教育实践课程、节庆教育实践课程、主题教育实践课程等,从而让学校充盈着仪式感,让学生感受到仪式感。经过这些活动课程,学生内心的世界会更加丰富,生命会更加自觉,师生们在学校学习和生活的每个普通的日子里也都变得有趣和值得纪念。

(一) 校外综合实践课程

为了让学生在动态、开放、多元的学习环境中体验到学习的乐趣所在,学校教育需要秉承更加开放和包容的心态,将社会优质教育资源整合到学校教育中,让学生走出学校,去认识更为广阔且真实的世界,进而培育学生自主学习、主动探究、创新思维的意识与能力。基于此,为了让学校多一点有意思、有意义的节日,学校设计了富有新意的春秋游活动,即以"四大快乐之旅"为主题架构了系列化课程(见表3.6),让学生积极主动与社会沟通,培养良好的科学素养,并且在课程设置中进行统一规划,细化每一个年级探究的科技主题,确立每一次活动的探究内容与探究任务。

表3.6 校外综合实践课程

主题	快乐张江科技之旅	快乐浦东文化之旅	快乐上海自然之旅(春游啦)	快乐上海活力之旅(秋游啦)
负责部门	项目办 科技组 年级组	项目办 德育处 年级组	德育处	德育处
时间	11月,半天(结合科技节)	5月,半天(结合艺术节)	4月,一天	10月,一天
要求	体验科技	领略文化	亲近自然	感受生命
情感	爱科学、爱家乡	爱文化、爱家乡	爱自然、爱家乡	爱生命、爱家乡

---

① 林卫民."仪式感"的教育价值不容小视[J].人民教育,2021(9):48—50.

(续表)

主题	快乐张江科技之旅	快乐浦东文化之旅	快乐上海自然之旅（春游啦）	快乐上海活力之旅（秋游啦）
一年级	孙桥现代农业园区	陆家嘴高楼金融区＋滨江大道	上海共青森林公园（上海滨江森林公园）	上海野生动物园（上海动物园）
着眼点	感受现代农业科技	感受现代都市文化	感受自然生态	感受生命形态的多样性
二年级	上海动漫博物馆	浦东图书馆＋东方艺术中心＋浦东博物馆	辰山植物园（上海植物园）	上海水族馆＋和平公园（上海长风公园海底世界）
着眼点	感受动漫科技	感受人文艺术文化	感受植物世界	感受生命环境的多样性
三年级	上海中医药博物馆＋中医药大学	川沙内史第（黄炎培、宋庆龄故居）＋川沙古城墙＋川沙老街	上海鲜花港（海湾森林公园）	上海自然博物馆＋静安雕塑公园（上海马戏城＋大宁灵石公园）
着眼点	感受中医科学	感受历史传统文化	感受花卉世界	感受生命的进化
四年级	上海集成电路科技馆＋张江有轨电车	世博会园区、中华艺术宫(中国馆)	佘山天文台＋月湖雕塑公园（崇明东平森林公园）	奉贤申隆生态园（上海博物馆＋人民广场）
着眼点	感受芯片科技	感受世博文化、建筑文化	感受人文与自然的结合	感受生命与生态
五年级	上海科技馆	上海航海博物馆	东方绿舟（2050和2500未来馆）	上海欢乐谷（锦江乐园）
着眼点	感受综合科技	感受航海文化	感受人与自然的结合	感受生命的极限

四大快乐之旅是指快乐张江科技之旅、快乐浦东文化之旅、快乐上海自然之

旅、快乐上海活力之旅,从了解家乡张江科技出发,到感受家乡浦东的文化,再到领略家乡上海的现代化发展,形成比较稳固的学校实践探究课程,使学生经过五年的学习活动,有丰富多元的经历。同时,学校根据这四大快乐之旅,形成一套学生在实践中的"快乐实践"系列活动手册。年级组领衔分层定时定点地进行实践探究,做到实践探究前有准备,实践探究时有目标,实践探究后有拓展,包括家庭活动的推荐等,以此为引领,使学生的实践活动更加有实效性。

(二)校内综合实践课程

学校教育离不开仪式,每学期的仪式教育包括入学典礼、开学典礼、毕业典礼等;每学期的节庆教育包括常规节庆和独特节庆等,以及主题教育"勇敢的小孩""自信的领巾""活力的十岁""担当的少年""飞翔的未来"等,这些活动通过精心设计给予学生强烈的情感体验,开展润物细无声的教育,让学习者在活动参与中充分感受到活动背后蕴藏的教育价值,成长为一个更好的自己。我们都知道学校实践课程越丰富多彩,学生的经历也就越精彩纷呈。为此,学校把所有的活动课程进行了指向学生发展的系统整合,形成了有意义且有意思的校内实践课程架构(见表3.7),为学生的健康快乐成长提供最适切、最丰富的精神食粮。

表3.7 学校校内综合实践活动

	学校板块			
	第一学期	负责部门	第二学期	负责部门
全体学生	快乐的开学典礼(9月)(一年级入学典礼)(9月)	大队部	快乐的开学典礼(2月)	大队部
	开学的欢乐节(第1、2周)根据"快乐成长"评价手册在快乐超市进行魔法棒礼物的兑换	德育处	开学的欢乐节(第1、2周)根据"快乐成长"评价手册在快乐超市进行魔法棒礼物的兑换	德育处
	开学安全大演练(第2周)	德育处	开学安全大演练(第2周)	德育处

(续表)

学校板块				
第一学期	负责部门	第二学期	负责部门
"向您敬礼!"庆祝教师节活动(9月10日)	大队部	"学雷锋"爱心行动(3月5日)通过面点结合,面上提倡签名、点上举行公益行走承诺活动的方式给予学生献爱心的教育	德育处团支部
		"我与春天有个约会"植物节(3月) 1. 每年的植树节新教师认养树木活动、二至五年级学生认养果树活动(每到新年级就认养新品种果树:梨树、枣数、枇杷树、柿子树、桔子树,为秋天的丰收节做好准备; 2. 通过举行"一颗种子的神奇旅行"(每个班级发各类普通的块茎或种子——土豆、红薯、洋葱等,让学生种下然后展示及布置教室,感悟植物生命的神奇; 3. 打造申江校区樱花大道,每年4月举行"快乐樱花节",邀请爸爸妈妈及家人参观、合影,感受世界的美好	大队部团支部
		"魔力学习节"(4月1日)(每年依次学科、设立各学科吉祥物) 1. 魔力语文节——如汉字英雄、成语大王、歇后语擂台、辩论赛、灯谜大赛、诗歌创作、童话世界、书法展示等; 2. 魔力数学节——扑克大赛、魔方大赛、七巧板、心算大王等;	教导处

(续表)

学校板块				
	第一学期	负责部门	第二学期	负责部门
			3. 魔力英语节——英语活动、英语歌曲、英语小品等	
	"快乐大舞台"电影话剧展(10月)	德育处	"快乐大舞台"电影话剧展(4月)	德育处
	"秋游啦!"快乐校园快乐魔力课程——"快乐实践"之"快乐上海活力之旅"(10月)	德育处	"春游啦!"快乐校园快乐魔力课程——"快乐实践"之"快乐上海自然之旅"(4月)	德育处
	超级家长会(10月) 每个第一学期的集中家长会,让学生参与进来,可以举行"我想对爸爸妈妈说"——留小纸条行动、画心里的话行动、护蛋体验行动		快乐劳动节(4月底) 1. 单年 劳动节奖章评价＋实践活动 (1) 1—5年级分层的劳动比赛; (2) 劳动展示(择菜剥豆、水果拼盘等) (3) 全校劳动总动员——包馄饨、包饺子、包圆子、包粽子(食堂展示、协助,家长参与); (4) 厨艺大展示等 2. 双年 劳动节奖章评价; 做一件家务,学校根据劳动奖章评选结果统一奖励蔬菜等	德育处 团支部
	快乐科技节(11月份) 1. 单年 (1) 快乐校园快乐魔力课程——"快乐实践"之"快乐张江科技之旅"; (2) 组织其他活动 各年级有趣的科技动手活	项目办 科技组 年级组 大队部	快乐体育节(4月30日)(常规/趣味＋主题赛事运动会) 1. 单年 常规田径运动会＋4个主题赛事运动会 (常规田径运动会中也可以进行入场仪式、火炬手仪式、拔河、体操评比等)	体育组

(续表)

学校板块				
	第一学期	负责部门	第二学期	负责部门
	动——折纸飞机、叠象棋、叠纸盘、小制作、知识发明、小金点子等 2. 双年 快乐校园快乐魔力课程——"快乐实践"之"快乐张江科技之旅"		2. 双年 趣味运动会+4个主题赛事运动会——依次足球、羽毛球、乒乓球、篮球	
	"我与秋天有个约会"快乐丰收节(11月) 通过每年的植树节2—5年级学生认养果树活动(每到新年级就认养新品种果树:梨树、枣树、柿子树、桔子树),让学生体验播种、管理、期待、收获、分享的快乐,同时养成校园里不随意采摘果子的良好习惯	德育处	快乐艺术节(5月) 1. 单年 快乐校园快乐魔力课程——"快乐实践"之"快乐浦东文化之旅" 2. 双年 (1) 快乐校园快乐魔力课程——"快乐实践"之"快乐浦东文化之旅"; (2) 围绕一个主题,进行音乐节、才艺展、动漫节、T台秀——环保时装秀、美术类、儿童剧、游戏节、学校吉尼斯大赛等	项目办 大队部 年级组
	"新年,我的新起点"年末迎新活动 1. "迎新年冬季跳踢大过关",完成闯关荣誉证书(12月底); 2. 棒棒糖大舞台(让学生自主参与,自我展示)	体育组 大队部	快乐六一节(6月1日)(确保学生5年过不一样的六一节) 1. 单年 大队集会(六一快乐合照、红领巾义卖会、游艺活动等); 2. 双年 大队集会暨艺术节展示。自主庆祝节日	大队部
	"快乐大舞台"电影话剧展(12月)	德育处	"快乐大舞台"电影话剧展(6月)	德育处

(续表)

年级板块				
	第一学期	负责部门	第二学期	负责部门
一年级	1. 学习准备期,大手牵小手快乐校园游(高年级的学生帮助一年级第一次入校、入班,了解校园环境)(9月) 2. 入学典礼(9月1日) 3. "快乐成长"主题教育实践系列课程之一年级"我入团"仪式暨主题开放亲子活动(12月1日)	大队部 教导处 年级组		
二年级	开学第一天,大手牵小手快乐校园游(高年级的学生帮助二年级开学第一天的入校、入班,第一周了解校园环境)(9月)	大队部	"快乐成长"主题教育实践系列课程之二年级"我入队了"暨清明扫墓踏青活动。(参观春天的华夏公园,感受春天,合影。可以邀请武警官兵参与)(4月初)	大队部
三年级	快乐科技、无限魔力(结对空气能、道康宁、惠普、河马动漫等进行科普教育互动)	项目办 科技组	"快乐成长"主题教育实践系列课程之三年级"我十岁了"——阳光男孩、可爱女孩成长节活动("十个一"系列活动:一场讲座、一份礼物、一次讨论、一幅自画像、一个约定、一份清单、一次行动、一封信、一次展示、一个合影)	德育处
四年级	"快乐成长"主题教育实践系列课程之四年级"我长大了"暨五爱系列活动("五爱"系列活动:爱自己、爱家人、爱学校、爱社会、爱国家)	德育处	快乐科技、无限魔力(结对空气能、道康宁、惠普、河马动漫等进行科普教育互动)	项目办 科技组

(续表)

年级板块				
	第一学期	负责部门	第二学期	负责部门
五年级	1. 大手牵小手快乐校园游。（高年级的学生帮助二年级开学第一天的入校、入班，第一周了解校园环境）（9月） 2. "共同学习、快乐同行"与英国德威学生互动	大队部 教导处	1. "快乐成长"主题教育实践系列课程之五年级"我毕业了"小学毕业季活动 （1）最美毕业照（4月） （2）"我的成长路"中小幼衔接互动活动（了解初中生活、回顾小学、幼儿园的体验活动）（4月） （3）毕业典礼（邀请家长参加） 2. "共同学习、快乐同行"与英国德威学生互动	大队部 教导处 教导处

一是让仪式教育实践课程深入。学校通过举办富有特色、充满童趣的入学典礼、开学典礼、安全演练仪式、入团仪式、入队仪式、学雷锋等仪式实践教育活动，为学生营造良好的德育氛围，激发学生的思考，促使学生联系实际，思考自己的行为，从而让仪式活动真正起到教育作用。

二是让节庆教育实践课程生动。首先，常规节庆不常规，除了每年的"魔力学习节"（每年依次学科）、"快乐体育节"（趣味、常规、跳踢拍大过关），还有常规性的但具有学校特色内容的节日，如（1）快乐艺术节，即以主题鲜明的艺术实践活动，结合快乐校园魔力课程（快乐浦东文化之旅）的推行，让学生更多层次地了解艺术、感受艺术。（2）快乐科技节，即以生动、有趣，贴合学生年龄特点的科技实践活动，结合快乐校园魔力课程（快乐张江科技之旅）的推行，让学生充分体验科技的神奇，激发创新能力。（3）快乐六一节，即让每个六一都有意义、让每个六一都令人难忘，让每个学生五年的六一都不一样，让五个"六一"成为学生在快乐校园中的快乐记忆。其次，让独特节庆更独特，学校开启具有"快乐校园"特色的节庆，为每一个学生的成长留下美好的记忆。如（1）开学的欢乐节，即每个人根据"快乐成长"评价手册,每个学期末都做好统计,假期内做好准备,在开学的第一、二周的欢乐节进行魔法棒礼品兑换,第一天选定内容,第一、二周完成心愿。(2)"我与春天有个约会"神奇植物节,每年的植树节由新教师认养树木活动、二年级至五年级学生认养果树活动(每到一个新年级就认养一种新的果树:梨树、枣树、柿子树、桔子树),结合秋天的丰收节,共同感受植物成长,并且通过举行"一颗种子的神奇旅行",即每个班级发放各类普通的块茎或种子——土豆、红薯、洋葱等,让学生种下,然后用于展示和布置教室,引导学生感悟植物生命的神奇。(3)快乐劳动节,即通过劳动节奖章评价表的充分运用与丰富的劳动活动的设置来进行劳动节实践活动,激发学生热爱劳动、掌握劳动技能。(4)快乐丰收节,春天认养的果树,秋天硕果累累,让学生体验播种、管理、期待、收获、分享的快乐。在那一天,每一棵果树都没有受到一点破坏,每一个果实都能让学生细细品味,校园成了真正的快乐校园。而如何把这硕果保存下来跟大家分享、如何体会劳动的辛苦更是学校开展教育的切入点。除此之外,学校还因地制宜地设计了一些适合学生的心灵花园节、饮食节、旅游节、小猪农场开张节、超级家长会(让学生参与家长会,举行"我想对爸爸妈妈说"——留小纸条行动、画心里的话行动、护蛋体验行动)等活动。

　　三是让主题教育实践课程升华。学校确立"快乐成长"主题实践系列活动:一年级勇敢的小孩——"我一岁了"开放展示暨亲子活动;二年级自信的领巾——"我入队了"暨清明扫墓踏青活动;三年级活力的十岁——"我十岁了"成长节(阳光男孩,可爱女孩的十个一活动);四年级担当的少年——"我长大了"责任之约暨五爱系列活动;五年级飞翔的未来——"我毕业了"暨小学毕业典礼活动。学校将"五育"并举的理念适时融入活动的各个环节,形成"德育为引领、智育作支撑、美育与体育为载体、劳动教育为补充"的活动模式,旨在让学生成为更好的自己。多样的课程让学生走向多元的实践体验,激发了学生的兴趣、提高了学生的素养。

　　教育需要仪式感,有仪式感的教育能唤醒人丰富、不可测度的生命潜能,唤醒学生对真善美的渴慕,唤醒学生的家国情怀和生命自觉,唤醒学生丰富、改变和提升自我精神品质的需求、能力和习惯。① 我们在实践中切身体会到,要想让每一个活动有仪式感,就要给学生提供一个成长锻炼的舞台,帮助他们培养一些终身受用的能力与技能,如模仿力、想象力和创造力等,从而更有智慧去面对每一天的生活;就要让学生在亲身体验中提升自身的学习力、适应力和创造力,从而更有信心去面对新的环境和挑战;就要赋予学生交流合作的机会,用创造性的想法和行动锻炼其领导力、合作力。学生每多一种认识世界的方式,就会多一种看待问题和解决问题的思维方式,这会让自己变得更多元、更包容、更立体。

（三）活动课程的礼物清单

为了给孩子的成长留痕,让孩子记住美好的回忆,学校喜欢给孩子们准备各式各样别出心裁的礼物,希望孩子成长的道路上一直都有礼物。这份礼物或轻或重,无一不传递出学校对于孩子们的爱,也传递出感恩、责任、理想、健康、生活、成长,让孩子获得礼物的同时,学会去思考、去体验、去发现……这会慢慢地让孩子浸润在这种学校文化之中,让孩子在一个充满尊重、理解、关爱的环境中长大,热爱参与每一次活动,热爱学校的每个教师,热爱学校的点点滴滴,热爱亲人、热爱社会、热爱国家……让每个孩子在关爱的环境下,拥有幸福的能力,持续给他人创造幸福,同时也能够有机会发挥所长,拥有行动的能力,持续创造性地解决问题。

首先,在学校各种活动中给孩子准备特殊礼物。一是在学校开学的时候,学校会给每一个学生送开学小礼物——有时是当年生肖的小玩偶,有时是充满年味的卡通礼物等。二是在六一儿童节时,学校会给孩子送上不一样的生日蛋糕。有时是大蛋糕,有时是每一个人一份的小蛋糕,每一次印在上面的祝福语都是不一样的。三是在学校运动会期间,有时我们会发特制的金牌银牌铜牌,有时会为所有参赛的孩子发一个小型运动器械——手握器、小哑铃等,有时会发水果蔬菜作为特别的奖励。四是在学校校庆时,我们会给每个孩子发一瓶可乐——这是私人

---

① 蔡礼儒.教育需要仪式感[J].湖北教育,2020(07—08A):75—76.

定制的可乐,每一瓶可乐上面是每一个孩子写下的对学校的祝福语。孩子们喝完可乐后,这个带有祝福语的瓶子就是他们的美好记忆。

其次,在孩子成长过程中给孩子准备年度礼物。学校结合每个年级不同的快乐少年成长活动,设计了一个礼物清单(见表3.8),每一年每一个孩子都能收到学校给予的一份成长礼物。

表3.8 礼物清单

年级	主题	礼物
一年级	"勇敢的小孩"主题活动	与爸爸妈妈共进午餐 一个漂亮的心愿瓶,每年把成长心愿投入
二年级	"自信的领巾"入队仪式	一本字典 一个小物品收纳盒
三年级	"活力的十岁"阳光男孩、阳光女孩成长节活动	一套有关成长的书籍 一张个人艺术照
四年级	"担当的少年"五爱系列活动	一张中国地图 一个地球仪
五年级	"飞翔的未来"毕业季活动	一份个人成长手册 一份个人资料光盘(从一年级到五年级)

最后,每年暑假给孩子送出特色礼物。如在一次休业式上,学校布置了一项特别暑假活动,给予孩子一些特别的礼物——彩色五环,即学校以"画童年五种色彩,铸上南阳光特色"为主题开展的"五彩活动"。我们的出发点是让每一个学生度过一个安全、健康、快乐、有益,而又有点不一样的暑假。

画童年五种色彩,铸上南阳光特色

今年暑假,五彩手环就是学校精心挑选,给予大家活动之后的礼物。

1. 红色——种一棵红色基因树

每个学生都将收到一颗红色基因树的种子,这颗种子很特别,是纸质的,学生拿到种子就会发现里面的"秘密",那就是种子蕴含着 5 个"红色"任务。每完成一个"红色"任务,就可以得到相应的树的拼图板块,全部完成,就拼成了一棵红色的基因树。

"红色"的任务有:读一本红色经典书籍——就获得基因树的主树干,参观一个红色基地——就得到了基因树的一些树枝,看一部红色的电影、给长辈唱一首红色歌曲、给家人讲一个红色故事——就获得了一片片树叶,最后拼成一棵"红色"基因树。如果学生在此基础上还能自主完成更多"红色"任务,那可以拼的树叶就更多,属于他的红色基因树就更加枝繁叶茂!

看似简单的"红色"任务其实是从学生的实际出发,量身定制的,既有读、写、看、唱等直观体验,又有学习和思考的过程,真正让学生把爱国之情从外化自觉转为内化。学生不仅完成了种一棵基因树的"红色"任务,更是进一步通过实际行动传承了红色基因,激发了爱国之心。种下红色基因树,就能获得一枚红色的手环。

序号	红色任务	基因树拼图板块
1	读一本红色经典书籍	主树干
2	参观一个红色基地	树枝
3	学唱一首红色歌曲	树叶
4	看一部红色电影	树叶
5	讲一个红色故事	树叶
6	……	……

2. 绿色——垃圾分类魔法师

倡议学生在暑假里做一个垃圾分类"魔法师",完成神奇的垃圾分类"魔法之旅"。

学校会给每个学生下发一本垃圾分类魔法手册,上面是"魔法之旅"的内容:第一站就是垃圾分类"魔法奇缘"——让学生探究垃圾去哪里了,通过自主学习,了解垃圾产生、处理的一些基本常识,为实施垃圾分类打下基础。第二站是"魔法精灵"——让学生创作垃圾分类吉祥物,并以此吉祥物进行垃圾分类的宣传,激发学生垃圾分类的兴趣。第三站"魔法口诀"——学生创作垃圾分类儿歌,便于学生记住垃圾分类的知识。第四站是实施"魔法力量"——让学生开动脑筋,为家庭、社区、城市更好地实施垃圾分类献上一计。第五站是"魔法作品"——学生利用废弃的纸箱、瓶子等可回收的垃圾,变废为宝,创作一件环保作品,让学生明白垃圾分一分,作用大十分。

学生完成了五个站点的"魔法之旅"后,将收获一枚绿色的手环,这意味着他们成了真正的垃圾分类"魔法师"。

序号	垃圾分类"魔法之旅"	绿色任务
1	第一站"魔法奇缘"	探究垃圾去哪里了
2	第二站"魔法精灵"	创作垃圾分类吉祥物
3	第三站"魔法口诀"	自编垃圾分类儿歌
4	第四站"魔法力量"	为做好垃圾分类献一计
5	第五站"魔法作品"	变废为宝,创作一件作品

3. 橙色——小猪佩奇劳动打卡

"乐于劳动、手脑并用"的劳动教育也是今年暑假工作的重点内容。学校鼓励学生自己的事情自己做,以学生喜欢的卡通人物"小猪佩奇"为劳动代表,倡导学生帮助小猪佩奇劳动打卡,在暑假完成"小猪佩奇的劳动光荣榜"。

根据学生的年龄特点,每个年级的打卡内容都不一样。比如,一年级打卡的是摆碗筷等较简单的劳动,劳动难度随着年级增长而递增,五年级打卡学会烧一个菜等较有挑战性的劳动。每个年级一个暑假内共打卡5个劳动内容,每2周打卡一次,比如一年级就是摆碗筷、擦桌子、洗水果、叠衣服、整理书桌等。

学校的微信公众号会固定在暑假开始后每个单周的周一六点,发布各年级的劳动内容,学生有 2 周的时间进行劳动实践,家长则作为观察员,将学生劳动的过程、成果拍成照片、视频,发送到学校微信平台打卡。

全部打卡成功的学生将收获作为象征劳动果实颜色的橙色手环。

一年级的小猪佩奇劳动打卡		
序号	打卡时间:周一,六点	打卡任务
1	第 1、2 周	摆碗筷
2	第 3、4 周	擦桌子
3	第 5、6 周	洗水果
4	第 7、8 周	叠衣服
5	第 9、10 周	整理书桌

4. 蓝色——小狮子安全调查员

蓝色怎么会和狮子联系在一起? 蓝色——是安全的代表色。如果一头狮子保护你,是不是会让你觉得很安全? 所以,第四个蓝色的手环代表暑期又一个重要工作——安全教育。

依托学校现有的小狮子安全课堂,让学生争当一名"小狮子安全调查员"。

(1) 培训上岗——"安全宝典"读一读:"小狮子安全调查员"上岗的第一要点是掌握安全知识,因此学生需要阅读学校的小狮子安全校本材料。这是从学生的实际出发,把真实的安全案例、安全知识点汇编在一起,辅以漫画、儿歌、情景,让学生充分了解安全知识。

(2) 实习上岗——"安全现场"走一走:学校还让学生参与多种安全教育实践,如警官直通车活动就是跟上海市公安局交通处的黄奕警官面对面,互动学习安全知识;牵手浦东台《平安浦东》,一起畅谈如何遵守交通安全;走进学校安全体验室体验自我救助知识;走进社区宣传安全知识等。

（3）正式上岗——"安全隐患"找一找：成为一名"小狮子安全调查员"后，学生们将从自己身边的生活场景出发，用最敏锐的观察力发现身边的安全资源和安全隐患，完成调查报告，并提出自己的安全建议。

学生在成为"小狮子安全调查员"的过程中，掌握并实践了很多安全知识。借助蓝色手环，希望学生将安全知识时刻记心中。

5. 紫色——最强大脑阳光达人

假期里学校的城市学校少年宫也为学生搭建了提升艺术修养、锻炼体魄、创新科技思维的平台。管乐飞扬、民乐大师、足球旋风小子、跆拳道新人王、击剑小勇士、OM头脑奥林匹克、Steam编程等活动都欢迎学生积极报名参加，成为可以带上紫色——这个最炫手环的最强大脑、阳光达人。

学生完成了"五彩活动"之后学校会授予五彩手环，以此来表彰大家通过自我的努力、自我的参与、自我的实践，为暑假赋予了"爱国、环保、美德、安全、有益"的附加值，度过了一个"独一无二"的"五彩暑假"。

画童年五彩，铸阳光特色!

二、活动参与全员化，提升参与感

学校的教育理念是实现每个学生的全面发展，因此学校的活动要面向所有学生，要尽可能让每个学生都参与其中，在活动中展现自我、分享自我、成就自我。为了提升学生参与感，学校以学生为中心，激发学生的自主性和热情，赋予学生参与活动和主导活动的主体地位，并从五育的角度出发，围绕阅读、跳绳、美育、劳育等，进行活动设计和迭代，从而让更多的学生参与其中，让每一个学生不仅有机会参与活动，更愿意持续参与活动，彰显活动对学生个体发展的积极意义，促进学生快乐学习和全面发展。

（一）阅读活动更新迭代——我爱阅读的发展

阅读是每个个体生命成长中最重要的事情之一，阅读对于学生的成长和发展而言也是至关重要的。读万卷书，行万里路，一直在鞭策我们要做到知行合一、学思综合，言下之意是读书与行走在本质上是同一件事情，都是去认识世界、改造世界和创造世界，只不过其一是通过书籍听别人分享世界，其二是自己直接感知世界。有了对世界的认识，学生就可以进行分享交流，在与书本对话、与世界对话、与自我对话的过程中，不断把自己的所见所思所想表达出来。

有一天中午，我在走廊上遇见一群欢声笑语的学生，是学校的学生图书管理员们，他们穿着学校特制的漂亮且显得很专业的图书馆管理员制服，看来今天是轮到他们做志愿服务了。这可是学校的一个令人羡慕的工作，要获得这个岗位，学生必须在各类阅读活动中有出色表现（包括在学校的借书量和阅读量），班级才会予以推荐。成为图书管理员后，学生才有资格在午间、放学之后，穿上漂亮的制服到漂亮的图书馆来整理书籍、管理借阅、维持阅览秩序，就像一个真正的图书馆馆长一样。

为了让更多的学生能够参与阅读活动，我们在校园组织了我爱阅读的系列活动。首先是编写了多套"快乐阅读"系列读本。(1)《快乐小故事——快乐的源泉系列读本》——结合"快乐校园"的"五乐快乐少年"的培养目标，编写各年级快乐读本，分别是一年级《帮助与分享》、二年级《欣赏与赞美》、三年级《自信与坚强》、四年级《宽容与合作》、五年级《感恩与梦想》，让学生在课余阅读一个个快乐小故事的同时，启迪心灵，端正品行，获得快乐的体验。(2)《国之韵，吟之乐——学校国学经典快乐诵读系列读本》——以国学经典《笠翁对韵》《千字文》《论语》《道德经》为主要内容，根据年级（二至五年级）编写国学经典诵读，利用每天早上的10分钟自由诵读，学期快结束时学生接受开放性的趣味评价，从而提升学生的语文素养，提高记忆能力，塑造人格品质。(3)思考进一步完善修改《快乐传统文化系列读本》——一年级念儿歌、二年级读古诗、三年级学成语、四年级诵名言、五年级吟对联，作为拓展阅读。(4)推行《快乐活动系列读本》——《快乐观察——我看我看，看出快乐》《快乐饮食——我吃我吃，吃出快乐》《快乐实验——我玩我玩，玩出快乐》《快乐学习——我猜我猜，猜出快乐》《快乐旅行——我走我走，走出快乐》，使学生在不同的活动中获得知识,得到快乐。

其次是开放多层图书平台。(1)打造三级阅读区域。一级为"魔力图书馆""森林书屋""快乐智慧营"电子阅览室,以及每周一中午的"快乐探索频道"。二级为每个楼层设立"悦读角""知识大魔方触摸屏"。三级为班级设立流动图书馆。三级阅读区域给学生提供更多快乐阅读的场所和书籍。(2)运用有趣评价促进阅读。推行"书海拾贝、品味快乐——快乐摘录本",使学生能更好地吸收书中的精华,留下更多读书的收获。结合"阅读快乐、快乐阅读——阅读乐乐卡""阅读证"完善阅读的推进机制、奖励机制。每学期出版《乐报》。每个学年结束进行"快乐书虫"表彰。(3)打造具有特色的魔力语文节。4月1日的快乐语文节,每一次围绕一个主题开展富有创意的、让学生喜欢的、给学生收获的活动,如汉字英雄、成语大王、歇后语擂台、辩论赛、灯谜大赛、诗歌创作、童话世界、书法展示等,营造书香校园的氛围。

最后是拓宽读书的范围。一是听故事——每周都安排一个中午,大家一起听故事。各个年级打开相应的"听快乐故事"网络平台(由教师们推荐组建),听有趣的故事。这些精彩的故事让学生欲罢不能,成为粉丝。二是说故事——每周五大厅的"自动小舞台"上,每一个人都可以上去说故事,并获得一份荣誉证书。三是写故事——学校的期刊《乐报》有个"故事专栏",就是让学生写出属于自己的故事。四是演故事——学校有故事节,鼓励大家演故事。学生不一定要受原著束缚,可以自己编故事、自己写剧本、自己分配角色。故事不一定要像我们想的那样发展,能得到充分的诠释、演绎就好。五是开设戏剧课,最大的功能是让学生展开想象的翅膀,飞翔在课本外的田野上,在天空画出属于他们的轨迹,鸣唱出只有他们才懂的歌。戏剧课综合很多艺术形式,也挑战并培养了一系列能力素养。比如文学素养、自信心、语言表达、肢体协调、分工合作、团队精神、音乐天分、舞台美术、手制道具、化妆术等等。

(二)体育活动优化升级——我爱跳绳的进阶

一到冬天冷的时候,操场上的人就会慢慢多起来。许多学生都在操场上跳绳,五花八门的跳绳场景,顿时让校园充满了活力,充满了欢声笑语。每年的 12 月 30 日,我们都用跳绳来迎接新的一年,校园里热闹非凡,大家非常开心。学校营造了学生热爱跳绳的氛围,让更多的学生能够持续跳绳,在跳绳中学会坚持,也获得健康的身体。

最开始是跳绳活动 1.0 版,学校体育组照常会举行冬季跳踢拍比赛。每个班级推荐几名学生代表班级,一般会在几个中午组织比赛,赛完活动就结束了。其他学生很少知道这项活动,少了比赛的氛围,整个校园也静悄悄的。后来,我们开启了跳绳活动 2.0 版,我提出能否让大家都参与一下,这次更改了比赛时间,集中在一个下午举行,全体学生都来观摩,但是大部分都不参与比赛,看完自己班级同学的比赛后,其他时间就变得百无聊赖,少了点参与感,整个校园也没有活力。紧接着,我们又开启了跳绳活动 3.0 版,我在 2.0 版的基础上提议能不能让全体学生参与比赛,而且比赛花样增加,除了一般的单人跳,还可以有花式跳、双人跳、8 字长绳、10 人长绳等等。体育老师说:"很多学生根本不会跳绳。"我说:"这不是问题,每天上午广播操的时候教跳绳,每天中午让学生练习。"同时,我还邀请了外面的跳绳队来学校进行表演,学生们激动了一段时间,但到比赛的时候,能够坚持且能够获奖的还是少数。学生参与度上来了,但积极性不足。

面对这样的情况,我们和体育组教师一起思考是否还有其他好办法。一位教师说:"我觉得大家缺少一个明确的目标,我们把比赛改为过关打卡奖励,首先提出一个过关的数字要求,然后开始全员动员,只要每一个人能够充分准备,有充足时间训练,就可以获得奖品,学生的积极性肯定会显著提高。"这个建议非常好,具体的标准由体育组老师根据学生的情况确定,奖品也要符合学生的喜好。有了明确的方向,大家就放手去做了,最后就有了跳绳活动 4.0 版,即每个人参与的跳踢拍过关卡活动。每个年级的标准不一样,学生的积极性一下子被充分调动了。不管在下课课间的操场上,还是在体育课上,永远都有学生练习跳绳的身影。到了第二年,体育组又对学生礼物进行了改进,形成跳绳活动 5.0 版,这成了激励学生们动起来的源动力,即每个过关的学生都可以到校园设立的"快乐蔬菜水果铺"里自己挑选——黄瓜、茄子、苹果。学生们为此期盼了整整一个冬天,也锻炼了整整一个冬天。这也是收获强健的一个冬天。

当大家都觉得我们的跳绳活动 5.0 版本已经达到顶峰时,我在一次学习中,还是感觉到了它的局限性。有一个学校给跳踢拍赋予了更好的意义——"为心而跳,爱的世界",将跳踢拍活动与帮助心脏病人这项公益活动结合起来。锻炼是为了自己的健康,也是为了帮助别人的健康。每个学生都能在体能素质训练的时候帮助别人,这是最有意义的事情。前期还让大家了解心脏知识和改善心脏的方法。学校课程与做公益有机整合起来,让我意识到如何把课堂中学到的知识转化为行动对真实世界产生积极影响更为重要。于是,我们向这个学校学习,在我们已有成果的基础上增加了更好的公益项目,就有了跳绳活动 6.0 版本。慢慢地,无论是学生、老师,还是家长,都觉得跳绳不再是单纯的跳绳,而是有了更美好的意义,学生的动力也再一次被激发了,活力也再一次被释放了……

跳绳,从 1.0 版到 6.0 版,已经不是一项简单的活动,而是教师循序渐进对教育的追求;是学生坚持不懈对毅力的考验;是家长关心督促对活动的认同;是学校素质教育过程的展现。

如何在活动中赋予意义,是教育者应该要思考的。比如对学生进行生命教育时,我们可以开展护蛋行动、养宠物、负责鱼缸、管理植物区域等,来培养学生的爱心、同情心、责任心。见证生命的生老病死的整个过程,对学生而言就是一次非常真实的生命课程,在这个过程中,他们会学会恰当地表达和处理情感,以及形成对生的尊重与对死的尊重。每一次在活动中进行尝试、创造和突破,都会让学生在活动中有更多的收获与成长。

(三) 艺术活动实践探索——我爱艺术的拓展

在学校一年一度的艺术节上,我坐在观众席上,观看由每班推荐的学生在一起唱唱跳跳组成的节目,此时我听到学生小声抱怨:"去年就是这几个人。""去年,这个人弹的曲子和今年不一样。""不知道,反正总是这几个人弹一弹,唱一唱,跳一跳,真没有意思。"我也发现了这一情况,每一年的艺术节就是每班推荐几个有艺术特长的学生同台演出,其中不乏一些学生很有艺术天分,表演出令人眼前一亮的节目。可是这只是少数人的舞台,还有很多人没有参与进来。我对艺术节筹备组说:"是否可以有所改变？让每一个学生都参与进来,尽管不是每一个学生都有艺术的天分,但是我们可以让每个学生都感受到艺术。"

在大家群策群力下,我们有了"撑开一把伞"的艺术节构思,一次不一样的艺术节实践探索就开始了。艺术前开始前,大家做了很多前期工作,其一在方案制定上,筹备组在制定详细的方案后,认真听取教师代表、学生代表对活动方案的想法;其二是方案宣传上,大队部在班会课上做积极的宣传,让大家都知道这个不一样的艺术节;其三是美术鉴赏上,美术组在全校进行了一周美术内容方面的欣赏,同时美术老师在各个年级的美术课上做具体的指导,确定好每个年级的不同主题;其四是物料准备上,学校总务后勤花很多时间采购了充足的材料,购买了白色的伞,做到涂色效果好且价廉物美;其五是确保学生在校在家有足够的创作空间与时间。

当每个学生都投入其中时,学校还组织了一次行为艺术——某一天,学校通知学生拿着自己设计的伞上学,在离学校 200 米的距离都统一撑起伞,当一回撑伞的模特。每天一个年级,形成一周早上上学的奇特景观。随后,全员参与精心布置展示。每个班级有一个固定的区域,学生们自己着手布置,高的、低的、聚集成图形的、分散的等等,又是一次发挥想象的机会。万事俱备后,学校又隆重举行"撑开一把伞"的艺术节开放日,特意邀请了所有的学生与家长来学校欣赏自己和其他同学的作品。湛蓝的天空下,一把把色彩缤纷的伞悬挂在校园里的每一个空间,每一把伞都是最佳的艺术品,每一个角度都是最好的留影角度。学生与家长欣赏观摩、拍照留影。大家都对这次活动高度认可,赞不绝口。"你也画得挺好的嘛！不错不错。"有一个爸爸惊讶又得意地跟孩子说。"是吧,没想到吧,我也有艺术的天分呢！"孩子有点得意地、自豪地回答着。随后,学校还组织评选出了全校最佳的 100 把伞,并把它们留下来布置在校门口的大道上,一直保留到学期末。同时,我们联系公司将这 100 把与众不同的伞定制成真正的伞,下发给每个学生作为这一年艺术节的纪念。最后,我们又组织全体学生参观了一次美术馆,作为本次艺术节的闭幕式。学生在经历了学习、感受、制作、欣赏之后,再一次地参观、体悟,尽管还是有很多看不懂,但对艺术的感受完全不一样了!

以后的每一届艺术节,一年为美术领域,一年为音乐领域,我们都会花很长时间来精心策划。音乐和美术同样重要,通过分享音乐和美术,把大家凝聚在一起,团结在一起,共同来感受美、欣赏美、发现美、创造美。与此同时,我们每年的艺术节,都本着人人参与的理念来进行组织,尽可能地激发每个学生参与活动的积极性,尽可能绽放每个学生在艺术领域的那道光,让艺术走进学生的世界,实实在在地促进每个学生的成长,慢慢地让每个学生都能找到属于自己的艺术天分。

(四)劳动素养培育研究——我爱劳动的探索

学校一直积极响应各级劳动教育政策,开展劳动教育实践探索,在校园里逐步形成了推崇劳动、实施劳动、热爱劳动的崭新局面,从而培育小学生的劳动素养。小学生的劳动素养水平如何?如何更好地培养小学生的劳动素养?我们很难直接给予清晰准确的回答。为深入了解当前小学生的劳动素养状况,探寻适切的劳动教育举措,学校编制了小学生劳动素养调查问卷。问卷包含学生基本信息、学校劳动教育、劳动认知、劳动情感、劳动精神、劳动能力、劳动行为等内容。我们对学校高年级328名学生采用无记名的方式开展问卷调查,从而了解小学生劳动素养的真实情况,发现劳动素养的共性特征和个体差异,进而分析问题背后的成因所在,提出适切性的劳动教育举措。

通过调查,一是在宏观层面上,了解到小学生劳动认知是最高的,劳动情感、劳动精神、劳动能力等维度次之,而劳动行为维度是最低的,反映出学生在劳动认知层面的整体水平都较高,并且在劳动观念层面的表现优于劳动实践层面,意味着学生在劳动层面与实践层面并未实现有机统一。二是在微观层面上,其一在劳动认知维度上,存在部分学生认为学习与劳动之间是对立的,会影响学生参与劳动的积极性,从而淡化了劳动本身所蕴藏的独特的育人价值;其二在劳动情感维度上,一部分学生并没有做到尊重他人劳动成果、赞赏劳动价值和积极参与劳动,从而未对劳动和劳动人民形成积极的情感;其三在劳动精神上,部分学生没有在劳动中树立克服困难、互相帮助、自觉自律的精神品质,容易受到外界因素的干扰;其四在劳动能力维度上,大部分学生都具备了基础的个人劳动技能,但家庭劳动技能还没有完全掌握,同时对创造性劳动并没有给予高度重视;其五在劳动行为维度上,多数学生是按照要求参与班级和家务劳动,而非自愿参与家务劳动,并且也很少参与公益劳动,这些现象反映出学生劳动素养培育任重道远,学校的劳动教育需要充分发挥劳动观念对形成积极情感、掌握劳动技能和参与劳动实践的正向作用,同时需要加强学生在为何做、做什么、如何做和做的如何等方面的劳动实践研究,做到学用结合,培育学生良好的劳动行为习惯,切实提升学生劳动素养。

基于调查研究结果,我们开始构思小学生劳动素养的实践举措。其一是积极更新观念,形塑价值观。一个人的理念和价值观会影响主体性实践,个体有什么样的劳动教育理念,就会有什么样的劳动教育,也就会开展什么样的劳动教育实践。学校要秉承育人理念开展劳动教育,充分发挥"以劳育人"的价值,同时要秉承五育融合的理念,处理劳动素养各要素之间的关系,讲求知行合一、学思做结合。其二是系统建构内容,凸显课程化。高质量的劳动教育课程体系建构是实现学校内涵发展的关键所在,只有扎实推进劳动教育课程化,从整体上对劳动教育进行顶层设计和系统规划,围绕三类劳动十大劳动任务群开发劳动课程,才能够有助于发挥劳动教育综合育人的效能。其三是推进制度建设,全面促发展。劳动教育的高质量推进实施离不开人才、制度和资源的多重支持与保障。具体包括组建一支具有专业素养的劳动教育教师队伍、完善多方主体协同育人的保障制度、建立相应的激励机制、赋予劳动课程一定的时空保障和经费保障等。其四是依托信息技术,赋能新实践。学校劳动教育要具备平台意识、数据意识、整合意识等,从而充分利用信息技术,或提升数据分析和运用能力,强化基于证据的个性化指导;或创建线上线下相融合的劳动环境,强化学生具身认知和真实体验,提升劳动教育实施品质。

三、活动课程主体化,获得成就感

每个孩子都是独一无二的主体,都是活动参与中的主体,每个人都应该有实实在在的获得感、成就感、幸福感,从而增强其对学校活动的兴趣,调动其内在动机,激活其内在驱动力,不断提升自信心,在活动中不仅学习知识和技能,也能培育其核心素养,最终成为有理想、有本领、有担当的时代新人,成为德智体美劳全面发展的社会主义建设者和接班人。

(一)探寻每一个孩子发展的方法

我们都知道,在小学阶段,行为规范是一项非常基础的工作,也是一项非常具有挑战性的工作。人人都在做,班主任每天都在教育,但是真正做得好的并不多。我也一直在思考这个问题,我们教育了那么多,为什么孩子就是做不到?究竟什么样的教育方式对于孩子来说是有效的?我发现德育教导有一段时间很苦恼,面对学校行为规范检查,他要提炼学校行为规范的特色。他说:"我感觉我们每一项都做得扎扎实实,行为规范做好了就行了,哪需要有什么特色啊。"我说:"学生行为规范教育的特色,就是一句话——不给别人添麻烦。"

有一天,我看到一个班级的孩子们吃完午餐,正在倒剩菜剩饭。个别学生刮得很干净,大部分学生就随手一倒,饭盆里还剩不少菜和饭。这个细节相信很多人都看到过,教师肯定也都教育过很多次,但肯定有的学生听进去就做到了,有的学生依然没听进去。为了改变这种情况,我让所有班级分批去实地参观食堂阿姨们洗碗。我让阿姨们分两组,一组处理刮干净的碗,阿姨们直接就可以洗了。而另一组处理没刮干净的碗,阿姨们必须再拿出来刮干净,才能开始清洗。同一时间内,第一组已经洗了一大筐碗,另一组还在收拾剩饭剩菜,尚未开始洗。两个组的洗碗量相差非常大。这时我引导孩子们思考:"同学们,你们看看,如果你们每个人多做一个小小的动作,就不会给别人添那么大的麻烦。"从孩子们的眼神中,我看到他们深受触动。这一次活动后,食堂阿姨惊喜地告诉我,每一个小饭盒都基本被刮干净了。

最终,"每个人做好属于自己的事情,不给别人添麻烦"这句话就成为学校行规的起点与终点。每个人一旦有了这种意识,就会身体力行,不断做到更好。比如不乱丢纸屑、负责好自己区域的卫生是不给值日生添麻烦;准时交作业,是不给收本子的小组长、批作业的教师添麻烦；以及遵守交通法规，垃圾分类的公共道德，等等，都是来源于不给别人添麻烦。而我们评价学生的行规，也是基于是否给别人添麻烦了。

基于此，我们认为在行规教育中，希望孩子们能够换一个角度思考问题：我做不做这件事并不是无所谓的，对别人来说也许很重要。孩子们有了同理心，能够感同身受，就会不给别人添麻烦了。除此之外，我们还需要让学生在行规教育中学到一些更重要的东西，一些可以救命的技能，一些可以受益终身的能力，比如自理能力、富有爱心、勇敢坚强等等，而这些美好的品质都是在不给别人添麻烦的基础上生成的。

（二）赋予每一个孩子成长的机会

在我们学校，非常鼓励运用充分讨论的方式来达成共识，在这个过程中，我从不担心会失去权威。我希望每个教师都能把自己作为学校的主人，认真参与学校每一件重要的事情；希望通过讨论的方式，及时聆听教师内心的真实想法，以及非常宝贵的建议；也希望大家能够更加了解校长的站位、想法，从而更好地去执行和推进。诚然，大家在讨论过程中会发生冲突和矛盾，会产生思维的碰撞和交锋，但是慢慢地就会找到共识点。倘若争论一直没有答案，我们会先选择实践，再用实践来检验选择是否正确和恰当。

当在行政会上讨论我们学校与英国德威学校的互动方案时，与我预料的一致，绝大多数的行政人员都强烈反对。他们提出的理由有很多，总结一下主要有如下三点：其一是害怕丢脸，对方是国际社区的国际学校，我们是70%外来务工子女的农村学校，这个差距让人缺乏交往的勇气，大家觉得我们的孩子不去反正没什么，去了会丢脸。往大了说，这个脸丢的可不单单是学校的，我们压力太大了。其二是害怕麻烦，国际学校与我们学校的交流，会有很多规矩、很多工作，而且不是一次，是每周一次。长此以往，课务的安排、人员的配备、车辆的接送、比正常晚的放学时间等等，都是多出来的新问题，需要去解决。其三是害怕未知的各类问题出现，学校从没有做过，谁也不知道实施后会发生什么问题，也不知道这些问题的解决难度有多大,大家难免心生畏惧。

我理解大家的心情,但我觉得这是一件可以尝试的事情。我想做这个项目的理由也有如下三点:其一是抓住好的机会,德威国际学校希望学生接受多元文化,主动联系我们来建立互动,这么好的机会,我们为什么要放弃?其二是多元文化的认识。多元文化不仅仅德威的孩子需要拥有,我们的孩子也同样需要拥有——未来的孩子,必然生活在一个多元的世界,跨文化的沟通以及传播能力是孩子未来必须具备的一项技能。我们需要从小创造一个多元文化的成长环境,即多元的土壤、包容的价值观,从而培养出世界公民。其三是沟通能力的提升。我们的孩子一直缺乏交流氛围,学校因此组织了"同伴节"——希望孩子们交流沟通,达成理解,拥有同理心。我们鼓励在课间休息、午餐、集会时充分融合交流,因为孩子们在一起,必然出现各式各样的碰撞。而我们鼓励这份碰撞,正是这种碰撞在创造学习的机会,可以让孩子们真正去了解彼此,互相认同,掌握和平相处的跨文化沟通能力,形成独立的批判性思维能力。

最后我说:"大家如果很担心,我们就先试行一个学期,如果发现真的不行,就中途停止。这个完全没什么关系。"后面我们就真的去试了,这一试就是5年,远远超出我们的预期,所有的困难都因为孩子的成长而被克服。在这个项目中,孩子们的收获不言而喻,从开始的胆怯、紧张、害羞到后来的落落大方、自信,再到后来邀请德威学校的孩子们到我们学校来参观的自豪感。每年一批去德威学校交流的孩子当然本身比较优秀,是经过英语等考核选拔的。每周一次的3小时入校互动,让他们成长非常快。就像一位学生在毕业时说的那样——另一个世界很精彩,但也更加证明我的世界也很精彩!同时,教师们的收获是出乎意料的,针对每周一次的互动,我们安排了所有的英语教师和青年教师轮流陪同孩子前往,无论是语言本身,还是国际学校的教学方式,在无形中都给教师们很多触动。行政人员也很高兴——没想到我们的孩子真的可以,没想到我们的教师正好也可以学习提高。一举多得的局面源于对初心的坚守,只要对孩子发展有益的事情,都可以去尝试一下,努力一下,再大的困难也不会有我们想的那么难,反而会助力我们更好地成长与发展。

（三）欣赏每一个孩子点滴的进步

教育的意义就在于帮助每一个孩子实现最大化程度的发展，这种发展可能是显性的，也可能是隐性的，我们要善于发现这个因人而异的成长，让孩子认可自己的发展，让孩子有信心获得更大的发展。这让我想起了一次关于活动实施的激烈讨论，大家对于活动方案中获奖的提议各有想法，有的教师说："校长，原本比赛就有先后，就有成功与失败，要让学生接受失败。"我回应说："我并不是要求每一个活动都是全部参与者获奖，只是这次活动比较简单，它不是奥运会比赛，而且它的评价本身带有主观色彩，我觉得完全可以让更多人获奖，我们可以奖励他们的成功，可以奖励他们的进步，可以奖励他们的突破，但这些奖励需要实事求是。每一份奖含金量还是不一样的。"教师紧接着说："校长，你让全体学生都获奖，那么多奖，这个奖就不值钱了。"我说："让更多的学生在活动中获得成功的体验，这个奖就很有价值！我十分希望，每一个学生在我们学校每年至少能够获得一份奖状。"有教师补充道："校长，还有一个问题，文印室打印这么多奖状是一个很大的负担，钱老师不知道是否会答应。文印室钱老师平日沉默寡言，对待很多事情的确非常有个性，如果他不愿意做，全员获奖这个想法还挺难执行的。"我说："如果只是文印室这边有困难，我来解决。"最后大家达成一致，就是让更多的学生在活动中获奖，让每个学生在一年中至少获得一次奖状。

当我找到钱老师，直接说明了情况，并希望获得他的支持时，钱老师非常言简意赅地说："可以的，没问题。""让更多的孩子获奖，我觉得挺好的。我如果小时候获得的奖状、鼓励更多一点，也许我可以变得更好一点的，至少更加自信一点。"我瞬间被钱老师的这番话击中了，也更加坚定了我的初心，就是不要吝啬我们的表扬和肯定。在教师看来一句平常的话，在教师眼中看来一份不起眼的奖状，对一个孩子来说，可能会具有非同凡响的影响力。从此以后，学校除了一些活动会全部获奖之外，体育节、艺术节、各类活动的获奖都很高——对学生而言，在一件事情上建立起的强大自信可以迁移到其他很多事情中，同样，在一个学科或者一件事情上受到的挫败和屈辱，如果没有及时修复好，也可能会被放大并影响整个人的状态。所以，我们要看到积极暗示的力量和欣赏闪光点的力量，让学生在做任何事情的时候，都对自己有更高的要求，同时，自信心也会转化为源源不尽的动力，引领着他们往前走，让他们能够有勇气克服一切困难，成长为自己希冀的模样。

第三节　项目实践——变革学生学习方式

为了落实立德树人根本任务，推进义务教育教学改革，全面提高义务教育质量，上海市发布了义务教育项目化学习三年行动计划（2020—2022 年），明确指出项目化学习是以校长为核心的教育教学团队，在学校活动领域、学科领域和跨学科领域，设计真实、富有挑战性的问题，引导和指导学生在一段时间内持续探究，尝试创造性解决问题，形成相关项目成果，最终培育学习者的创造性思维、批判性思维和团队合作等学习能力，推动教与学方式变革和教师专业成长，激发学校办学活力。三年行动计划明晰了校长在落实项目化学习中的职责，即项目化学习的引领者、推动者和支持者，系统推进学校项目化学习方案设计、制度建设、队伍培育、实施推进和总结提炼等工作，不断积极探索转变教与学方式变革的可行性路径，持续总结学校在项目化学习设计、实施和评价等方面的宝贵经验，以及思考培育学生创新精神和实践能力的亮点做法。

我们学校一直在探索学生学习方式转型的问题，而项目化学习作为一种深度学习的方式，回应了"儿童应该进行怎样的学习、儿童如何学习"，为我们提供了新方向、新思路和新思考，让我们意识到学生的学习最容易在经历和解决真实世界中的问题时发生。进一步看，项目化学习的要素包括真实的驱动性问题、学生在真实情境中对这个驱动问题展开探究、学生经常用项目化小组的方式学习、学生运用各种工具和资源促进问题解决、学生最终产生可以公开发表的成果。[1] 从中

---

[1] 夏雪梅.项目化学习:连接儿童学习的当下与未来[J].人民教育,2017(23):59.

我们认识到项目化学习更加关注驱动性问题的设计、强调真实情境的作用、注重运用合作学习、创造真实的产品等,把学思行有机整合起来了,从而在最大化程度上激发学生学习兴趣,促进学生高质量学习。

一、学校项目化学习的发展历程

基于项目化学习的理念学习,以及学校课堂教学研究的已有成果,我们学校先是申报成为区域项目化学习实验校,再是申报成为区域项目化学习种子校。为了更好地落实和推进学校项目化学习设计方案,推动教师和学生在教与学方式上的变革,首先学校组建了一支项目化学习的核心团队,由校长领衔,带领核心组成员,在专家的引领下,形成了一支善学习、爱思考、乐创新的教师队伍,共同参与项目学习。其次是建立项目化学习在培训和组织上的机制保障,学校不仅有针对全员和核心组成员的分层分类培训,聘请了市区两级项目化专家团队进行跟踪指导,同时组织核心组成员参加了市区两级项目化种子教师培训,并将学习到的好经验在学校内进行分享交流,确保培训有安排有品质。再次,学校设计了项目化学习研究任务,即围绕三类项目化学习活动实施中的共性问题和重难点问题进行实践探究,不断明晰如何才能设计优质的驱动性任务,如何才能推动学生合作学习,什么样的评价是适切的,以及如何高质量开展展示交流活动等。最后,学校建立激励制度,鼓励所有教师都参与教与学方式变革的研究,参与项目化学习实践,共同研究推进。在这些举措的基础上,学校遵循始于探究课程、研于项目设计、践于课堂活动、终于课堂行动的流程,不断深化学校项目化学习的实践和研究。

(一)始于探究课程

1. 立足原有的课程体系

目前我校的项目化学习主要在探究型课程的基础上展开。学校经过持续十多年的研究,以培养学生社会实践能力和创新精神为总目标的探究系列课程已经升级到3.0版,五个年级的主题分别为"我与自己""我与自然""我与学校""我与社会""我与未来"。每个大主题下分设 4 个板块，16 个小主题，共有 64 个参考课题。

2. 依托共同的实施方式

学校探究课程的实施方式与项目化学习接近，我们倡导以学生的兴趣为起点，激发、培养学生的探究兴趣；强调学生以探究方式进行学习，在探究中学习探究方法，提高发现问题、解决问题的能力，不断学会学习。

学校的探究课实施以问题为起点，以任务为驱动。教师创设引发问题的情境，激发学生的学习兴趣和热情。然后根据"WHO"模式设计研究计划，即 W——What，研究什么内容；H——How，准备怎样研究；O——Obtain，获得什么结果。研究过程中，学生在教师的指导下以探究小组为单位，展开调查、实践和体验活动。最后进行分析、归纳整理、总结提炼，形成书面材料、口头材料或其他形式的成果，鼓励学生用自己喜欢的方式来表达他们探究的成果和体会。最后，对探究的学习过程进行反思和评价，总结学习体会、成功经验、失败教训和探究反思等。

（二）研于项目设计

尽管我校原本的探究型课程的内容可以作为实施项目化学习的基础，但是项目化学习依然有它的独特之处。为此，学校为教师提供了多样化的学习和实践平台。

1. 专家引领

随着项目化学习的深入开展，我校在项目化学习的培训、探究和组织上都趋于完善。在教师培训方面，学校聘请的专家团队也会定期来学校进行指导，有面向全员的培训，也有针对核心团队成员点对点的培训，教师们积极探讨，专家们耐心指导，有问必答，形成了一个良好的学习氛围。

2. 设计项目

在学习了理论知识后，教师开始尝试项目方案的设计。我校的活动项目课程主要是根据探究型课程中的三、四、五年级的主题来进行设计和实施的，因为中高年级的学生具备了一些学习能力，实施起来可能更容易一些。

教师先是全面梳理、提炼、整合之前的探究课程和德育实践活动的资源,寻找驱动任务、开发活动项目、设计活动方案。同时,以项目组核心成员为主,开展一个或两个实验项目。在实验中不断修正、积累、总结,初步形成基于项目化学习的综合实践活动实施的基本策略。当然,我校也采取由点到面的深化普及,即在核心组成员带领探究组教师完成一到两个活动项目后,便有更多的教师参与项目化学习的设计,有团队合作设计,也有独立设计。

3. 交流研讨

首先,组内的教师会定期开展研讨活动,针对自己在项目化学习的设计和实施过程中遇到的问题进行交流探讨。其次,走出校门,积极参加其他学校开展的项目化展示活动,学习他们的成功之处。此外,我校核心团队的成员教师分别参加了上海市三年行动计划的种子教师培训和浦东新区的种子教师培训。参与培训的教师会利用教研活动时间与组内老师一起分享学习的经验,共同探究项目设计与实施中遇到的问题。

(三) 践于课堂活动

对于项目化学习的课程,学生们的参与兴趣都很浓厚。在项目的实施过程中,学生不仅综合运用了自己的知识,提高了自己的综合能力,最终还能以活动的形式展示成果,收获满满。

1. 活动入项

在各项目的入项活动中,教师以真实的情景导入,学生在该情境中自发地去发现问题,经过思考讨论,最终形成驱动性问题。例如四年级学生的"校园里的陪读生"项目,教师出示校园中流浪猫狗的图片,由此学生也回忆起了自己看到过的一些现象。有的学生表示比较害怕这样的流浪猫狗,有的学生觉得它们很可爱,希望可以饲养。由此,如何妥善处理校园里流浪猫狗现象的驱动性问题便产生了。

2. 研究过程

在驱动性问题产生后,为了让学生更好地了解和解决该问题,教师会引导学生将驱动性问题进行拆解,形成相关问题链,由解决一个个子问题入手。在拆解驱动性问题的过程中,学生可能会提出各种各样的问题,教师需要引导学生将问题进行归纳整合。后续对子问题进行逐一解决的过程中,教师也要适当为学生提供学习支架,如怎么样设计调查问卷,寻找合适的调查对象;设计访谈问题,获得需要的信息等。在整个研究过程中,学生是学习的主体,而教师则是以一个支持者和引领者的形象出现。

3. 成果展示

当然,项目的最后阶段是成果展示。学生以小组为单位展示自己开展活动的全部成果,让学生表达自己学会了什么,并体会与他人分享成果的快乐,从而激发学生新的兴趣,转向新的项目活动。成果展示的方法,一般是由小组的发言人全面介绍项目的实施过程、取得成果情况,以及有哪些收获,等等。这种活动不仅锻炼了学生的合作能力、动手能力,也提高了学生的语言表达能力,以及问题解决能力。

4. 评价反思

评价贯穿于整个项目实施过程,具体有过程性评价和结果性评价。过程性评价主要是考查学生的学习能力、协作能力、工作态度。结果性评价主要是考查学生是否达到了学习目标,也包含了对学生成果的评价。为了使评价具有可操作性,我们分为三个层次进行评定,即自评、组评、师评。师生会共同设计相应的评价量规,让评价是真实有效的且有指向性的。

在项目结束后,教师和学生也会进行反思复盘,在项目实施中做得较好的部分会保留延续,而项目中的不足,争取在下一次有所改进。组与组之间也会互相学习和相互提出改进建议,争取在下个项目中持续优化和进步。

(四)终于课堂行动

开展项目化学习,我们倡导以学生的兴趣为起点,激发、培养学生的探究兴趣,强调以学生为主体,提高学生发现问题和创造性解决问题的能力。项目化学习让学生的校园生活变得更充实了,对于他们创新思维的培养起到了重要的作用,相信他们会因为项目化学习更热爱校园,热爱生活,激发更大的潜能。

在全体教师的共同努力下,学校项目化实践在三类项目化学习上都有了推进,一是在活动项目化学习上,学生表现出了浓厚的学习兴趣和参与意愿。如三年级的学生开展了名为"自定义十分钟"的项目化学习,合理安排了自己的课间十分钟;四年级的学生对校园操场的人工草坪出现的粘草现象提出了自己的疑问,并开展了一场名为"还你一片青青草原"的项目化学习;五年级的学生在毕业季,结合项目化学习,用一场名为"飞翔的未来"的毕业典礼,给自己的小学生涯画上了完美的句号。这些项目的实施让学生的校园生活变得更加充实,也更加多彩。二是在学科项目化学习上,我们以美术学科为切入点,教研组的教师积极研讨,从实际问题出发,结合美术课堂的教学内容,提出驱动性问题。在问题的驱动下,学生以解决实际问题为出发点,合理利用课堂上的美术知识,真正做到了学以致用。同时,我们的校园也更美了,学生们童真的绘画,让这些椅子更吸引人了;原本毫无生气的窨井盖,在学生们的装扮下变得醒目和富有童趣了……这个项目的试点探索让课堂学习变得更加生动有趣了。三是在跨学科项目化学习上,学生们充分发挥团队优势,运用自己擅长的学科知识来解决问题,集思广益,大家获得了更具创造性的解决问题的能力。对学生而言,他们也收获满满,如四年级的"校园里的陪读生"、五年级的"寻'味'三钢里"等项目,都运用了多个学科的知识技能来开展,深受学生的喜欢。

二、活动项目化学习实践案例

活动项目化学习是指学生探索解决身边、日常情境中的真实问题的项目。它与一般活动的区别在于,活动项目具有真实的问题、界定与解决问题、形成项目成果等关键的项目特征。① 活动项目化学习的实施要点为重活动体验,更重思维发

---

① 夏雪梅.项目化学习的实施:学习素养视角下的中国建构[M].教育科学出版社,2020(11):94—103.

展;重项目成果,也重复盘总结。① 活动项目化学习对于学校来说,更有实施基础,学校可以将原来的传统活动、创意活动、特色活动、探究类活动等转化升级为有意义的活动项目;也可以从新的困境和学生的兴趣中生发出来,形成新的活动项目。对于教师和学生来说,相对容易入门,但对教师的综合能力和知识储备具有挑战性,教师需要在项目实践中不断提升自己的综合素养,践行以学为中心的理念,赋予学生充足的自由时空,提供适切的支持引领,助力学生聚焦问题形成有价值的项目成果,在项目中提升学生创造性解决问题的能力,培育核心素养和生成高阶认知。

临近期末,2022年突如其来的疫情,让五年级的学生们再一次被封在家中。这时候他们有了一个担忧:我们就要毕业了,毕业典礼怎么办? 此时,学校大队部向学生们发出了征集令,希望大家能共同设计一个线上毕业典礼。这时有不少学生提出:怎样给自己设计一个难忘的毕业典礼呢?这是在现实困境下发生的真实问题,不仅引发了学生的认真思考,同时也是学校在关心的事情。

(一)项目概述

本项目的实施对象是五年级学生,安排了6个课时。教师引导学生进行一段时间的持续探索,尝试创造性地解决问题,最后形成相关成果。学生在这个过程中了解了线上毕业典礼的大概流程和合适环节,通过小组合作,利用查资料、问卷调查、访谈、实践等方式收集信息、整合建议,最后策划了一个令人难忘的线上毕业典礼。

(二)项目价值

本项目的价值在于能够让学生通过自主调查发现问题、解决问题,并学习沟通、整合,了解做一个活动策划书需要注意哪些方面的内容,并能将这次学到的技能迁移到以后的学习和生活中。

---

① 吴宇玉.为素养而教:活动类型项目化学习的设计与实施[J].上海教育科研,2022(10):31—36.

（三）驱动性问题

毕业季，五年级的学生即将告别教师和学校，心中有许多不舍。由于疫情的原因，大家暂时无法线下相聚。学校大队部在设计毕业典礼时，向所有五年级学生发布毕业典礼活动策划书征集令：疫情之下，怎么策划一个让大家感兴趣而难忘的线上毕业典礼呢？

（四）项目实施过程

1. 入项阶段

在居家隔离期间，我们询问五年级学生在毕业之前有什么遗憾，他们说不能和小伙伴一起玩耍，不能见到亲爱的老师，也不能拍毕业照、举行毕业典礼等，这些会让他们觉得遗憾，也觉得小学生涯不完整。

为了满足学生们想拥有一个毕业典礼的要求，我校决定为五年级的学生举办一个线上毕业典礼。但是怎么设计一个让大家感到有趣又难忘的毕业典礼呢？学校大队部表示，与其让教师们绞尽脑汁猜测学生喜欢什么，不如让学生自己来策划设计一个线上毕业典礼。当学生们知道了这个想法后，热情高涨，纷纷表示要为大家的毕业典礼献出自己的一份力。他们有了很高的积极性，也有了很强的参与感。

首先，关于项目驱动性问题的思考，学生们在教师的引导下进行了头脑风暴，充分讨论，最后形成了几个子问题："毕业典礼的活动策划书应该包括哪些内容？""毕业典礼的主题及围绕主题的活动流程可分为哪些环节？""大家心目中喜欢的并且适合线上展示的毕业典礼主题与活动有哪些？""如何才能让自己设计的线上毕业典礼活动策划书赢得评选？"

其次，针对这些子问题，学生们根据自身的能力和兴趣爱好，自由地分成了几个小组，开始进行学习与研究的准备。同时，他们也对自己在这堂课上的表现进行了评价（见表3.9）。学生们根据课上积极参与的程度、与人分享想法的表现和能不能做到清晰交流等方面，对自己和他人进行评价，表现良好的学生获得三颗星,表现不太理想的学生根据情况依次降低星级,这让学生们能够知道自己的不足之处,并努力进步。

表 3.9 入项阶段学生参与度评价表

评价内容	自评	他评
积极开动脑筋	☆☆☆	☆☆☆
能大方地交流对于毕业典礼的想法	☆☆☆	☆☆☆
表达观点时语言流畅、思路清晰	☆☆☆	☆☆☆

2. 探究阶段

【探究活动一】毕业典礼的活动策划书应该包括哪些内容?阶段成果:确定线上毕业典礼策划书的主体内容。

学生们查找关于典礼或者活动的设计方案后,发现一份精心设计的策划书对一场活动的成功举办是十分重要的。因此,想要解决驱动性问题,首先要做的就是确定毕业典礼的活动策划书应该包括哪些内容。探究活动的第一步就是搜集整理能搜索到的各类活动策划书样式,在此基础上制定初步的策划书内容。在这个活动环节中,学生们从语文书上找到了常规毕业联欢会活动策划书,明确了一般毕业典礼策划书的主要内容。但小组成员马上提出新的问题:其中部分内容并不适合线上活动。

学生们经过组内的热烈讨论和班级内的汇报分享,达成共识:有些内容要做改动,如活动的地点应改为线上,会场的布置、秩序维护和场地清洁可以省略,活动流程可结合线上特点进行补充和丰富。其中一个小组更是提到,为了让学生们更有代入感,又考虑家中房屋结构和隐私等原因,可以将节目的排练和全体学生的观看地点定为家中的阳台,称其为"分会场"。在联系线上特点的前提下,小组成员们共同思考和设计了适用于此次毕业典礼的策划书。

在这一阶段的活动中,学生们各自分工,井井有条地完成了自己的任务。根据学生们在这堂课各个环节的表现,教师也提供了相关评价表(见表3.10),让学生了解自己本堂课的表现。有的学生从他评中获得反馈,表示下节课要更主动地参与交流。有的学生反思了自己搜索的资料不是很丰富,要进一步加强网上信息的搜索能力,拓宽搜索信息的角度。有的学生更是关注到了"线上"这一特点,在后续问题解决时,对这一特点有了更多思考。

表3.10 探究活动参与度评价表

评价内容	自评	他评
参与任务的热情	☆☆☆	☆☆☆
查找到的资料丰富程度	☆☆☆	☆☆☆
策划书模板符合线上特点	☆☆☆	☆☆☆

【探究活动二】毕业典礼的主题及围绕主题的活动流程可分为哪些环节?阶段成果:周边学校或我校往年毕业典礼主题及环节的汇总表。

学生们在明确策划书的主体内容后,进一步思考具体内容。首先,思考并确定活动的主题是当务之急。小组成员为了了解毕业典礼的主题和主要流程,有的通过搜集上海各小学往年毕业典礼的报道和公众号文章,有的向家长和学长学姐请教。他们发现:毕业典礼的活动主题是多种多样的;在确定主题时,可以是总结五年小学生活,可以是向父母、教师表达感恩之情,也可以是对未来学业和生活的新展望等。

小组成员为了让搜集的信息更加直观,便于讨论,便设计并填写了"各校毕业典礼主题及环节汇总表",提出在活动流程上也可以考虑补充加入学生(教师)代表致辞、毕业赠言、宣誓等环节。在完成汇总表之后,学生们就投身到查找资料的任务中,最后大家通过各种方法找到了很多资料,汇总到了表格中。当然,在这个阶段,教师也给了学生们一些评价量规,大家可以在过程中对自己或其他伙伴的表现进行评价(见表3.11)。通过自评和他评,学生们对自己的信息搜索与查找、与他人沟通、归纳总结的能力有了更具体的认识。大部分学生发现自己搜索与查找信息的能力比探究活动一时有所提高,他们学习的热情更高了。少部分学生发现自己还不擅长与人沟通,认为今后要多多练习。所有学生都觉得归纳总结的能力是很重要的,在今后梳理信息时要有意识地加以运用。

表 3.11 搜集汇总环节评价表

评价内容	自评	他评
搜集、查找信息的能力	☆☆☆	☆☆☆
与他人沟通的能力	☆☆☆	☆☆☆
归纳总结的能力	☆☆☆	☆☆☆

【探究活动三】大家心目中喜欢的并且适合线上展示的毕业典礼主题与活动有哪些？阶段成果:制作并完成线上软件使用情况访谈表、制作"问卷星"调查问卷,汇总问卷调查数据。

经过前两个探究活动,学生们已经基本了解了一份策划书中包括哪些内容和环节。在确定主题和活动环节时,学生们考虑到要符合大多数学生的喜好,还要从中筛选出适合线上展示的节目。由此,学生们想到了用问卷调查的方式来解决这个问题,不过由于疫情居家,没有办法像以前那样分发调查表。学生和教师展开了共同的讨论,经教师提醒,学生们想到了问卷星这个平台,但是如何操作也成了难题。于是再次开启了网上连线,教师通过腾讯会议这个平台,向学生们展示了问卷星平台的使用方式,学生们也积极共享屏幕,一起尝试。最后他们学会了该项技能,也在反复讨论后,确定了问卷中的题目,设计出了调查问卷,并向全年级的学生发出了填写问卷的邀请。

线上的问卷收集比起线下方便很多,后台的数据整理也让学生们一目了然地知晓了大家的想法。他们最后将每道题的数据和回答进行汇总整理,得到了想要的结果。在整个调查的过程中,学生们也对自己在课上课后的行为进行了评价(见表 3.12)。通过评价,学生们也知道了自己的不足和优秀之处,在下一阶段项目学习中可以有所改进。

表 3.12 调查环节评价表

评价内容	自评	他评
积极参与问卷调查内容设计	☆☆☆	☆☆☆
问卷内容设计的针对性	☆☆☆	☆☆☆
运用新技术完成信息搜集	☆☆☆	☆☆☆
问卷数据整理汇总	☆☆☆	☆☆☆

在整个访谈的过程中，学生也对自己的行为进行了评价。同样是根据自己实践的内容制定了评价量规，主要针对访谈内容设计、访谈时的谈吐、汇总能力等方面进行评价（表 3.13），通过自评和他评，多维度了解自己的不足和优秀之处，对项目的实践和对自己的素养方面的提升都有一定程度的帮助。

表 3.13 访谈环节评价表

评价内容	自评	他评
积极参与访谈内容的设计	☆☆☆	☆☆☆
选择访谈对象的合理性	☆☆☆	☆☆☆
对受访者提问时的态度	☆☆☆	☆☆☆
对访谈内容汇总的能力	☆☆☆	☆☆☆

由于这次毕业典礼在线上进行，学生们认为了解一下在哪个平台开展最后的活动也很有必要。于是讨论设计了访谈表，访谈对象主要是居家办公的家长们。学生们访问了一些使用各类平台开会、工作的家长，并结合自身用过的一些平台，得知了类似腾讯会议、classin、钉钉、zoom 等线上平台的优缺点，并进行汇总，以便于确定最后使用哪个平台进行线上展示。

【探究活动四】如何才能让自己设计的线上毕业典礼活动策划书，并赢得评选？阶段成果：形成一份完整的策划书，并用多种形式来向大家宣传。

在学生对毕业典礼中的各个环节和大家的喜好都有所了解之后,他们就要合力去完成一份完整的、精美的线上毕业典礼策划书。那如何能让自己组的策划书赢得评选呢?组内学生各展所长,有的组员比较擅长绘画、字也写得工整,他们完成了手绘版的策划书,除了有吸引人的精美画面,策划书内容也是精彩纷呈,有适合的主题,各个环节之间紧扣主题,节目的选择上也基本满足大家的喜好。还有的小组绘制的是电子版策划书,充分展示了自己的多媒体运用能力,同样是拥有精美的背景,合理而完整的毕业典礼流程,甚至还做了PPT为自己组的策划书做演讲、宣传。当然,对于最后的成果,学生们也制定了有针对性的评价量规(见表3.14),主要从策划书的内容、流程安排、精美程度等方面进行多维度评价,依旧采用自评和他评的方式,多方位了解自己的策划书的优缺点,从而进行进一步的优化。

表 3.14 策划书的整体评价表

评价内容	自评	他评
策划书的完整性	☆☆☆	☆☆☆
毕业典礼流程安排的合理性	☆☆☆	☆☆☆
策划书设计的精美程度	☆☆☆	☆☆☆
策划书宣传方式的多样性	☆☆☆	☆☆☆

3. 出项阶段

在整个项目化学习的过程中,各个项目组在每个阶段都有不同的收获,如历年毕业典礼主题的汇总表、线上的问卷调查以及数据分析表、线上平台使用情况访谈表、最后的毕业典礼策划书等。我们也利用腾讯会议平台进行了本次项目化学习的中期汇报,以及最后的成果展示和公开评审。各个项目组都非常认真地准备了PPT并进行宣讲:声情并茂的讲解、精良的PPT制作、精美的策划书、精彩纷呈的内容安排,以及整个活动中学生们认真的模样,掌握新技能时的笑容,都感染着屏幕前的教师和学生。

学生们在整个项目化学习的过程中,收获了许多感悟和成长。通过他们的反思笔记可以发现,有的学生发现了自身的许多闪光点,如思维活跃想法多、态度认真踏实、信息搜索能力强等等。有的学生也清楚地感知到自己的一些不足,如对多媒体的运用不够熟练、与人沟通不够顺畅、思考问题不够全面等等。大部分学生都表示在此次项目化学习的过程中,克服了自身的一些问题,各项能力得到提升,很有成就感。同时,本次项目化学习中,学生们从抓住"线上"这一特点明白了"具体问题要具体分析"的道理。在语文学科阅读分析时,更加关注文章的背景和上下文语境。此外,学生们觉得在梳理众多信息时,进行归纳总结、确定逻辑顺序也很重要,指出今后在其他学科做活动展示时,也要让内容既全面又简洁清晰。

4. 项目反思

在本次项目化学习的过程中,不论是驱动性问题的选择还是项目的实施过程,我们都积累了一些宝贵的经验,进行了一些新的尝试,解决了一些新的问题,现将项目化学习过程中的经验与成效、问题与改进进行总结。

聚焦到经验与成效上。(1)驱动性问题较贴合学生。本次驱动性问题的提出源自学生自己的烦恼,对即将毕业的学生来说是一个很有意义的项目。大家都想在小学结束前留下一段美好的回忆,也让自己的小学生涯没有遗憾。因此学生对于解决这个问题有很大的热情,积极性和配合度也会比较高。所以,今后在选择驱动性问题的时候,要选择贴近学生学习与生活的问题,这样的问题才能调动大家的积极性,也会更有意义。(2)学生能力的提升与迁移。在这次学习过程中,学生给了大家很多意外之喜。有的学生自己研究了一些问卷网页,制作了线上问卷调查;有的学生将小组的策划制作成了PPT进行展示,图片、动画效果、配乐都是他们自己研究出来的;还有的学生甚至会用很多大人都不太熟练的PS软件,制作了色彩丰富的海报。其实他们在这次项目化学习中习得的很多能力都能够运用在今后的生活中,或许上了初中之后也能自己策划一个迎新晚会、节日联欢会等活动。(3)线上操作的充分准备。本项目是基于疫情背景的,也是我们第一次在线上实施项目化学习。为此,教师提前做了很多功课。我们考察了许多线上软件,为学生做了详细的讲解。最后选择了较为合适的平台来支撑我们的线上学习。在项目实施过程中,我们及时为学生在线上答疑解惑。虽然这次活动大家不能面对面,但这也是一种新鲜的学习方式,不仅拉近了大家之间的距离,也让大家习得了一些新的能力。

聚焦到问题与改进上。(1)评价不够"量体裁衣"。本次项目化学习中,我们虽然注意到了评价的及时性,但评价的内容还需要更细致、更贴合学生,教师设置的评价内容有些还是比较空泛。今后,在项目化学习的各个阶段,教师都要根据问题设计有针对性的、细致的评价,评价的角度也可以更广。(2)从学生视角考虑问题的意识有待进一步加强。也许有的问题对教师来说很容易解决,但对学生来说可能就会存在困惑。有的学生由于不太了解手机等电子产品的功能,在学习阶段遇到了不少麻烦。比如,学生不了解微信其实可以直接搜索很多资料。在查找其他学校的毕业典礼时,微信比百度及其他等搜索引擎好用得多。因此,以后在一个项目实施前,我们还是要站在学生的角度多考虑一些。(3)学生自主学习的空间有待进一步扩大。项目化学习其实是一个比较开放式的学习过程,教师可以给学生更多自由,而不是仅局限于"教师教,学生学"这一种方式。我们只能作为引导者,给予学生一些学习支架和帮助。所以在今后的项目化学习中,我们要多给学生一些自主学习的空间,激发他们的潜能,这样学生才能在一个项目中获得能力的提升。

学习的"改":从改什么到怎样改?一"改",牵一发而动全身,源于育人;活动的"变":从变什么到怎样变?一"变",做一事而乐全程,利于提升。课堂变革,校本化、人本化,给孩子机会去尝试——提升善于学习的本领;活动体验,生活化、国际化,给孩子问题去探究——提高多元思维的能力。

第四章　家校的改变——合作中成事

引言

如果将一首歌的歌词,稍作变更,我们就会看到这样一段话:"牵挂孩子的人是我,忘不了孩子的人是我,看不够孩子的人是我,体贴孩子的人,关心孩子的人是我,是我,还是我。"这个"我"是谁? 或许就是每一位孩子的家长,或许就是每一位学生的老师。

我们的教育改革,不仅要有广阔的视野和科学的方法,还需要育人价值观念更新和育人方式变革。家长作为孩子成长的第一责任人,教师作为学生成长的重要他人,在如何教育孩子(学生)的这个问题上,家长和教师都面临着共同的问题:谁是出题人? 谁是解题人? 谁是阅卷人? 怎么样在"改变"之中收获"共赢",具体而言表现为六"易"和六"难":

令他人"变"易,让自己"变"难;遇小事"变"易,逢大事"变"难;

碰短期"变"易,要长期"变"难;涉事情"变"易,触思想"变"难;

顾虑小"变"易,压力大"变"难;走坦途"变"易,破瓶颈"变"难。

为了让我们关心的孩子(学生)成长为更好的自己,家长和教师在教育孩子的起点与过程中,需要携手前行,攻克难关,努力成为助力孩子不断成长的"种花人""育花人""赏花人",拥抱孩子成长的每一种可能。

教育的效果取决于学校和家庭的教育影响的一致性。如果没有这种一致性，那么学校的教学和教育过程就会像纸做的房子一样倒塌下来。① 换言之，只有同等关注学校教育和家庭教育，形成家校共育合力，才能够实现育人目标，促进学生全面健康发展。

为了引发全社会重视家庭教育，提升家庭教育水平，国家和社会为家庭教育提供指导、支持和服务。2021年10月23日，十三届全国人大常委会第三十一次会议表决通过了《家庭教育促进法》，并于2022年1月1日起正式施行，将家庭教育上升到法律层面。这意味着家庭的教育主体地位在法律层面得到确认，也意味着家庭与学校应就学生教育问题展开合作，实现优势互补，共同促进学生健康成长。事实上，家校合作并不是一个新话题，对其必要性和重要性的关注由来已久。这种关注首先建立在对两个教育主体的优势与局限的讨论上，即学校是专门从事教育工作的机构，按照国家和社会要求，选择适当教育内容，采取有效教育方法，集中时间对学生施教。但学校教育有自身局限性，同家庭教育天然的连续性相比，学校教育是阶段性的，也缺乏针对性。家庭是涵育个体人性的主要场所，父母通过言传身教影响子女成长；且父母与子女具有血缘关系，亲子之情无可替代。但家长不是专业教育工作者，未必能准确把握家庭教育的科学性和方向性。② 这种关注也建立在良好的家校合作对学生发展的价值与意义的讨论上，即家校合作能够为学生提供个性化的成长支持。然而，现实中的家校合作存在诸多问题，如随意性强、计划性差、阶段性强、连续性差，单向灌输多、双向交流少，互相挑剔多、彼此配合少等③，这些问题的存在极大地阻碍了家校教育合力的发挥。

事实上，这些问题的存在并不能归咎于家、校任意一方，家校共育的本质是家庭和学校在教育学生的思想意识和行为方面保持一致，两者要相互尊重与信任，形成平等对话，统一思想。因此，这需要家、校双方做出改变。从学校的角度来

---

① 苏霍姆林斯基.给教师的建议(修订版)[M].杜殿坤,编译.北京:教育科学出版社,1984:526.
② 单志艳.建设家校学习共同体 构建家校合作新形态[J].人民教育,2019(22):17—20.
③ 胡金波."家校合作"是"最完美的教育"[N].江苏教育报,2018-10-26.

看,破除家校合作困境,就要打破家校之间的区隔,积极促成与家长的对话,带动家长观念的转变。首先要倾听,建立对话的前提——重视家长的教育治理权力,拓展畅通、及时、便利的家校互动渠道,倾听和回应家长的诉求[①];其次要连接,建立对话的中介——建构家校合作组织机构,使家校合作人际互动常规化、制度化;最后要协商——建立对话的条件,引导家长与学校友好协商,理解、支持、参与学校教育活动,从根源上减少矛盾与冲突的发生。从倾听到连接再到对话的过程,本质上既是学校向家长开放的过程,也是学校承担家庭教育指导服务的职能,引导家长的教育观念转变的过程,这种转变不仅包括家校关系处理观念的转变,也包括亲子关系观念的转变,而且这种观念的改变要渗透到现实生活中家校关系与亲子关系处理的实践行动之中,因此,家长要陪伴,创建亲子互动的空间;要理解,建立亲子互动的前提;要支持,发展亲子互动的质量,学校在此过程中需要持续推进家校合作,驱动家长在实践中获致从知到行的跃迁。最终使得动态的、互动的家校、亲子关系得到良性发展,实现家庭教育价值的发挥,形成家校合力,促进学生的发展。

第一节 倾听·连接·协商——以合作引领家校观念转变

促进学生的发展是学校教育与家庭教育共同的愿景与追求、共同的责任与使命,也是家校合作得以实现的基础。家校合作主要包括家长为子女主动参加学校教育和学校为学生主动指导家长两方面,其实质是家长如何参与学校的教育事务和管理事务。[②] 家校合作的内容除了一般意义上的学生心理健康教育、行为习惯等,在提升学生学习品质与学业成绩方面也逐渐得到扩展,包括学生德育、学校文化建设、学校课程开发等等。

---

① 赵中兰.家校共育的实现:价值引领、权力分享和立场统一[J].教育理论与实践,2022,42(20):20—23.
② 王淑清.《家庭教育促进法》视域下家校合作的问题与对策[J].中小学管理,2022(1):46—49.

家校合作的顺利展开有赖于家校双方就学生的发展进行平等的对话,因此,家校合作是一个双边活动,无论是家庭还是学校都要保持开放和主动的态度,积极开展对话。其中,作为专业教育机构的学校更应该发挥引领作用,关注家长的诉求,建立与家长的联系,促进家庭教育观念的更新,激发家长对家校活动参与的主动性,促成更有质量的家校合作。具体而言,一是要倾听,确保沟通渠道畅通,了解家长的关切、征询家长的意见、听取家长的想法,形成对话的前提;二是要连接,要通过建立相应的组织管理机制,推进家校合作的常态化与规范化,建立对话的中介;三是要协商,要针对家长的关切、意见和想法,结合学校的实际进行集体审议与民主协商,调和家校合作中可能产生的矛盾与冲突。如果学校保持自身的开放,以平等与尊重的姿态面对家长,邀请家长参与学校教育事务与管理事务,家校合作就有了前提与基础;如果家长保持自身的理性与热情,以理解和学习的心态面对学校,主动参与学校教育事务,自觉增进对科学教育理念与方法的学习,运行良好、切实有效的家校合作就成为可能。

一、倾听——合作的前提

(一)倾听的内涵

家庭与学校有着促进学生发展的共同愿景,但是学校面对的是数百上千的学生,学校要保障的是整个机构的运行,而在家长眼中,自己的孩子是唯一的焦点。尽管学校力图关注每一位学生,但难免有疏漏。而由家长提出的问题与诉求,有时候不是个别困扰,而是值得探讨的学校教育情境下的公共议题。因而,家长的诉求与关切、意见与想法往往对学校改进有着极大的价值,家长提出这些诉求与想法的过程也是家长参与学校教育事务与学校管理事务的表现。因而,学校要保持一种开放和尊重的态度认真倾听。

倾听反映了学校愿意以尊重的态度对待家长提出的诉求,以合适的方式征询家长的意见,以诚恳的态度听取家长的想法,本质上展现了一种主动作为的态度。倾听意味着学校愿意以开放的态度认真探讨家长面临的困扰与提出的诉求,发掘诉求表象下隐藏的学校教育中存在的问题,反思问题,并考虑如何科学合理地解决问题。家长所表达的诉求,如果学校没有妥善地予以处理与解决,往往会成为家校矛盾的导火索,从这个角度看,倾听还为弥合家校分歧,化解家校潜在冲突创造了条件。

(二)倾听的行动

倾听是一种主动的行为选择,畅通的沟通渠道与沟通方式是倾听产生的前提。传统的倾听的发生包括建立家校联系本、创办家长开放日、组织家长驻校和家长沙龙等。现时新兴媒介,如家校通平台、微信群、微信公众号等线上方式以其便捷、高效的特征,更受青睐。不论选择何种方式,重要的是倾听行为的发生,以及倾听之后学校的反思与作为。

具体到我个人而言,在我刚接手新场实验小学时,曾经收到来自家长的建议信,四十余条建议,涉及学校生活的方方面面。从表述方式上看,这些建议中多是"是否""能否"之类的问题,如"书写工整及整洁是否可以加强监督",家长试图以协商、征求意见的姿态为学校提建议,尊重学校教育主体的专业地位;但也包含陈述性的要求,如:"希望放学时教师加强学生的管理,未到解散点不要放行""减少使用速冻、油炸食品,以及鸭边腿等一些禽类菜品",传递出家长明确的期待,可见,关注学生人身安全、饮食安全等核心且紧要的问题,家长的态度更为坚决。从具体的建议内容来看,包括学习和作业问题、体育活动问题、食品安全问题、课后看护问题、兴趣班与社团问题等方面,可见,家长所关注的不仅是学校教育教学事务,还包含学校管理事务,提出了一些建议,如"能否设置开放日,安排家长进校参观、课堂观摩"等,更明确反映出家长参与学校事务的愿望。

相较于建议信,我收到的也不乏投诉信和投诉电话,让我印象比较深刻的是一位一年级的家长记录了孩子入学两个月来学校生活的点点滴滴,内容包括诸如"孩子上课物品被人从座位上拿走、被同学欺负、校服在教室里丢失、落在座位上的衣物遭人蓄意破坏"等,投诉包括很多事情,家长在向教师和校内相关负责人员反映后,并没有得到回应和处理。而且家长认为,很多事情是值得学校重视的,如

"孩子的东西频繁在课后服务期间丢失""对于孩子的品德教育"等。而且,该家长还表示,从措辞上与其说是投诉,不如说是建议——正当的表达自己的诉求也会让其有很多顾虑,"担心会不会变成出头鸟、变成别人眼中的麻烦精,对孩子在学校中的生活学习造成影响"。

(三) 倾听的反思

回顾这些建议信和投诉信,我认识到学校管理无小事、无易事。学校要处理好与家长的关系,首先要学会的就是主动倾听,了解家长的诉求。倾听是有条件的,只有拓宽家校沟通渠道,丰富家校沟通方式,学校才能够听到家长的声音。家长的表达、学校的倾听,不是形式工程、面子工程,其目的在于发现学校工作中存在的问题与疏漏,从而解决问题,服务学生的成长与发展。我任职之初收到接二连三的建议与投诉,而且所涉及内容颇多。四十余条建议和多封投诉信件是前期未能顺利沟通或沟通未果累积起来的,原因无外乎两点:一是家长缺少与校方,尤其是学校管理者和决策者沟通的平台和机会;学校听不到家长的声音,看不到家长的焦虑,感受不到家长的真正需求,家校之间不可避免地会产生矛盾。二是家长表达、反映过相关的问题,但是没有获得正面的反馈与处理。学校不在意家长的反映,不重视家长的诉求,不解决家长关切的问题,究其本质就是没能重视每一位学生。这些都是产生家校矛盾与冲突的诱因,都需要学校重视。此外,倾听的关键还在于有所倾听就要有所作为。学校需要把这些诉求落实到实践中,并向家长及时反馈落实进度,以实际行动表明对家长诉求的重视。

此外,相较于教师与学校管理者,家长往往对与学生发展休戚相关的问题更为敏感,而且很多时候家长反映的问题并不仅仅关乎某一个学生,而是关乎特定学生群体,甚至全体学生,对于改进学校工作具有重要意义。因此,学校不仅要倾听家长声音,还要鼓励家长发声,合理表达诉求,保障家长的知情权、参与权、表达权与监督权。这要求我们在为家长发声提供多样的方式与渠道的同时,也提供一些保障,让家长少些顾虑与不安,多些真诚与坦率,学校家庭双方在意愿与行动上积极合作,优势互补。

二、连接——合作的中介

(一)连接的内涵

倾听很重要,但是要学校与每一个家庭逐一地交流沟通是不现实的,而且家长的诉求往往具有一定的共性,这使得逐一交流是低效的。零散的交流有时候不可避免地走向随意化,在加重学校相关职能部门工作负担的同时,也往往使得家校合作陷入就事论事、指哪打哪的困境,限制了家校合作价值的发挥。而且很多时候,并不是所有的家长都有参与学校工作的能力与条件。因此,有必要在家校之间建立沟通中介,推进家校合作的常态化、规范化、专业化与科学化。

在我国现代学校治理体系中,"家委会是由家长代表组成的代表全体家长和学生参与学校教育与管理、行使教育监督权与评议权的一种群众性组织,是连接家校关系的桥梁和纽带,是实现家校共育的重要组织形式",家委会作为一种重要的组织形式能够很好地起到连接作用,其既能连接家校双方——征询家长的诉求,代表家长发声,与学校正面沟通,又能监督学校回应家长诉求——维护家校双方的利益。因此合理定位家委会在学校管理结构中的地位,更好地发挥家委会的作用,是推进家校合作的关键一环。

(二)连接的行动

家委会的建立与改革应以有利于学生发展为落脚点,以有效推进家校良性互动,解决学校教育问题,回应家长诉求为工作内容。对于学校而言,要为家委会职能发挥提供相应的制度保证,包括规范家委会的地位与职责,明确职能范围;保证家委会在学校治理结构中的话语权;保证家委会成员的代表性,确保不同阶层不同类型家长的广泛参与。

然而,即使提供了诸多保证,家委会对学校工作的参与与监督也并不总是顺利的,在家委会代表家长与学校沟通的过程中,双方也会存在摩擦。在我所在的学校,热心的孙爸爸是家长们推选出来的家委会主席,他积极组织了家长志愿者,负责上学放学指挥交通、学生外出活动配合管理等,很好地推动了家校合作的展开。但是,慢慢地,一些教师开始反映:家委会除了做志愿者,还因为进入学校频繁,提出的意见越来越多,管的范围越来越广,讲话的方式越来越直接……

某天一大早,走廊里就传来了来自总务办公室的争吵。一听就知道,争吵的是两位常客——总务主任吴老师和家委会主席孙爸爸。"这件事跟你没关系,你不要管。"总务主任吴老师的语气,已经明显带有不悦。"不是我要管,是你们没有做好,我自然要向你反映。"孙爸爸的语气相比之下冷静一些。"你跟我说了,我就知道了,至于我怎么处理,是学校内部的事情,你不用多管。"吴老师的声音越来越响,说明越来越生气了。"我当然要知道你们接下去是怎么处理的,处理得怎么样,是不是处理好了,我都需要知道。因为我需要向家长们交代清楚。"孙爸爸的声音也不轻,而且很铿锵有力。

这样的争执在当时某个阶段一直发生,而且越来越激烈,因为两个人越来越对立。"校长,吴老师和孙爸爸又吵起来了,而且吵得很凶,怎么办?"德育教导走进我办公室,很紧张地说。我回应说:"你让孙爸爸到我办公室。"孙爸爸来了,铿锵有力地说道:"校长,我当这个家委会主席,就要对得起这个位置。我要对孩子们负责。我是直脾气,有什么就说什么。我是完全公正公平的,我就是对事不对人。教师们、学校做得不对的地方,我就是要指出来!随便你们怎么想,我还是要说的。"与孙爸爸沟通完,我让吴老师也到我办公室,吴老师气鼓鼓的,气还未消:"校长,我不管他是什么家委会主席,我看到他就觉得讨厌,再这样下去,我不让他进学校了,他一进学校就没好事。校长,你不要去理睬他,越理睬他,他越是得意忘形。我是学校的总务主任,我不是他的总务主任。"

这种正面对立不仅是孙爸爸与吴老师的对立,还是家委会与学校职能部门的对立。在办公室里,我做了这样的协调——

我对我们的教师说:"我们需要家委会。有好的家委会,是学校的福气,也是学校的晴雨表。如果家校关系好,学校的工作会很顺利很多,压力也会少很多,这一点大家有目共睹。所以,不管是好消息、坏消息,都应该放在台面上说。如果有问题,大家一起想办法,因为说到底,学校和家长服务的对象,努力的目标,甚至面对的挑战都是高度一致的。家长知道得越多,问题和质疑反而越少……我们鼓励家长参与学校的事情,不仅是为了节约成本,更是从观念上把家长当成自己人,这也是一种信任。"

我对家委会说:"学校需要家委会,家委会是学校的一员,但是是特殊的一员。所以,家委会在参与学校教育工作和管理工作中,要注意几点,一是需要有边界感,要有正确的管理辖区。你们更多是幕后的观察者、智囊团,但不是直接的管理者。如果定位不清,教师和学生就容易有错觉。二是需要有分寸感。如果家委会发现一些问题,需要学校改进,那就可以提出,但是要注意提出的方式和方法,要以让对方更容易接受的方式去表达,推动对方去解决。三是要有融入感。你们和学校是一起的,不单是发现问题、提出问题,而是需要一起解决问题。四是要有代入感。家委会也要更多去理解学校、教师的不容易,学会换位思考。只有这样,我们才能更好地解决问题。"

在我的协调下,双方的关系不再剑拔弩张,得以缓和,也愿意坐下来平和地讨论学校工作到底有什么问题,双方如何合作解决问题。

(三)连接的反思

这是我在学校亲历的一次正面交锋。其实,学校愿意以开放的态度邀请家长参与学校事务,接受家长的监督是没有问题的;家长推选家委会代表自己与学校沟通,组织与学校的合作也是没有问题的。冲突发生的诱因在于,校方和家长(家委会)没有摆正自己的位置。

对于学校而言,一定要明确家委会的存在既能够帮助学校发现问题,也能帮助学校解决问题。不要把家委会视作"义务劳动力",要尊重家长志愿者,不管是在家长提出问题还是协同解决问题的时候。同时,应以建设性的姿态出现在家长面前,以诚相待,并为家长提供合乎情理的建设性意见,帮助家长走出思维桎梏。主动协调家校双方的利益,在维护自身利益的基础上兼顾家长的利益。

对于家长(家委会)而言,也要积极树立参与意识和主人意识,变"消费者心态"为"战略伙伴心态",明确自己的目标是解决问题,对学校教育工作的参与不能缺位,也不能越位。要设身处地地从学校的立场出发,合理表达诉求,表达合理诉求,共同解决问题。

总之,家校双方都要相互尊重,相互信任,增加共识,弥合分歧,相互帮助,共同致力于服务学生的发展。

三、协商——合作的方式

(一)协商的内涵

家庭和学校本质上都是学校教育利益相关者,尽管促进学生成长与发展是二者的共同目标,但是对学校教育又有着各自的诉求和立场,现实中也会存在教育观念与教育行动方面的差异,因此在关键的学校教育议题和学校管理事务上,有必要进行民主协商,平衡各方利益。同时,家长参与持有的并不是"消费者心态",而是"合作者心态",家长作为一种"教育资源",也可以在学校活动策划与开展、教育教学、校政决策等方面主动作为,为学校工作提供支持。家校之间的协商不仅是家长提出诉求,学校反思"学校能做些什么",也是学校提出诉求,家长反思"家长能如何支持配合"。

在家校关系的处理与家校合作的展开中,人们的关注点往往是家庭与学校的直接的关系,殊不知,广义的家校关系还包含学校作为中间人处理家长与家长之间的关系。家庭群体是由家庭个体构成的,家长群体也并不总是和谐的,因为家长群体中也存在家长个体间的矛盾,比如在学校情境中经常存在着因为孩子的冲突而引发家长间冲突的情况,而且因为冲突发生在学校,所以冲突的解决也要依靠学校的调节。以学校作为中介,协调家长与家长之间关系的过程本质上也是学校和家长就教育问题展开协商的过程。因为家校合作不单是某一个家庭与学校关系的处理,而是每一个家庭与学校的良好互动,家校互动中的任一个环节的问题,都有可能影响整体互动平衡,从而影响整体的合作质量,良好学校教育生态的构建需要各方的共同努力。

（二）协商的行动

在利益与诉求平衡的过程中，我们还需要明确家校关系是一种教育关系，是具有人文性的，家校双方共同作为促进学生成长和发展的教育主体，二者不仅有利益关联，更存在情感联系，这意味着双方的互动、合作要在明确共识的基础上，以平等的、相互尊重的姿态展开，并且要相互理解，尽可能规避冲突，协力解决问题。

但是事实并不总是如此理想，家校之间、家庭与家庭之间经常会发生矛盾与冲突。在家校之间会出现的情况有"我们要换教师"或"我们要换班级"，家长在遇到一些事情的时候，如对教师教育风格或处事方式不满，经常会向学校提出这样的要求。在我曾收到的一封投诉信中，家长提到"××语文教师人品端正，作风良好，这一点是得到大家广泛认同的，同学们对他的情绪主要是在他授课质量上。关于这一点，我们谨慎地提出自己的一些看法，这些看法或有不足，但我们只是在力求客观地表达自己的看法：语文课的精髓，在于通过授课教师的讲述，将授课目的和盘托出，所以精彩成功的语文课，在于语文教师以丰富的知识和风趣的表达，达成学生深刻的领会。我们认为，××语文教师前一点做得很好，但后一点似乎有所欠缺。随着语文课程的推进，我们的最终目的是要通过自己多年累积的语文专业知识，让学生在考试场景中表现得更好。××语文教师的这种教学模式，对于应试帮助不大。因此我们提出更换老师的要求。"

与之相类似，在家长与家长之间会出现的情况是"我们要求这个学生离开班级"。在我负责的学校曾经出现家长吵架的事件，起因是班级里有位王同学很顽皮，总是惹这惹那，但家长认为孩子没有恶意，所以也是一次次袒护。但是次数多了，很多被触犯到的学生家长认为孩子就是故意的，非常嫌弃这个孩子。这一次，孩子又去惹其他孩子了，被惹的李同学的家长以牙还牙，扬言要把惹事的孩子揍个够，让对方体会一下。于是，家长之间对立、吵架，甚至在校门口打架。家长群里也出现一边倒的意见，要这个惹事的孩子转学。家长们义愤填膺，集体要求这个学生离开班级！

上述两个冲突事件，本质上都是需要协商的事件，也是更适合通过协商而非冲突解决的事件。前者需要学校出面组织家长与教师协商,在得知这个事件之后,我联系家长和教师坐在办公室里聊了聊,沟通之后,家长表示愿意理解语文教师不只是培养应试能力,而是注重丰富学生语文学习体验的教学理念与做法,尊重教师的专业角色与认可教师的专业能力,但还是期望这位语文教师能够认识到学生面临学业水平考试的压力,也关注一下学生学习成绩的提升。该语文教师也表示理解家长的教育焦虑,愿意向有经验的教师学习,提升自己的专业素养,在丰富学生学习体验的同时,也提升学生学业成绩。后者需要学校出面组织家长们协商,在家长会上我恳切地开解道,王同学确实存在一定的问题,这也反映出这个孩子的家长也存在一定的教育与沟通问题,但是要求这个孩子离开班级是一个好的解决办法吗?这个孩子到了一个新的班级会不会出现类似的情况?如果这个班级再出现这样的情况,难道再转走一个学生吗?在尝试协调之后,学校给王同学的家长提供了一些家庭教育上的意见,并提示该班级班主任多留心班级情况,组织班会活动就班集体的构建展开讨论,也积极对以李同学家长为代表的一众家长做出解决问题的承诺,恳请他们配合。最终在家校各方的努力之下,两个冲突事件得以化解。

(三)协商的反思

协商是相对平和、有效解决问题的一种策略选择。冲突的产生往往反映为立场的差异,根源于观念的差异。在家长与教师的冲突事件中,我们可以看到对教育目的是应试还是体验的观念差异,在家长与家长的冲突事件中,我们可以看到对学生不良行为予以包容与帮助还是谴责与孤立的观念差异。因而,协商不再是就事件本身的对话,而是就教育观念的对话,基于对话谋求相互理解、达成合作、共同努力,因而家校合作中最为核心的是正视问题而非回避矛盾。

总之,家校合作是一种关系的呈现,其中传递着关于家校关系处理的方式——多维度、多层次地进行民主协商;渗透着关于家校关系的理念——围绕学生成长与发展而结成的平等的合作伙伴与共同体。这也意味着,家校合作的过程既可以作为学校教育观念的澄清与调适的过程,使学校的教育工作更近乎教育的本质,也可以作为学校开展家庭教育指导的过程,使家长的教育观念得以重塑。换句话说,家校合作中的摩擦与磨合推进了教育观念和方法的更新,让双方作为教育者的反思与自觉得以提升,为其在各自的社会角色上趋于完善创造了条件。

第二节 陪伴·理解·支持——以合作带动亲子互动优化

家校合作中,家长参与学校教育工作,在与学校的对话之中,能够获得教育观念的转变乃至重塑。其中得以转变的观念不仅是家校关系处理的观念,还有亲子关系处理的观念。因为家长在参与学校工作的过程中获得了与教师交流沟通的机会,也意味着获得了了解自己孩子在另一教育场域中生活面貌的机会,本质上有利于建构对于孩子的世界的更为全面的理解;同时,在与学校、教师的交流沟通中,家长获得了与专业、科学的教育观念对话的机会,在其中受到潜移默化的影响,从而重新审视自己与孩子的关系,催生关于亲子关系观念的转变。而借由家校合作开展的一系列活动,家长更是获得不同于家庭情境下的别样的亲子交往体验,因而,可以说,家校合作本质上也为亲子关系的优化创造了条件。

事实上,家庭作为教育主体的传统由来已久,在正式的学校产生之前,家庭是主要的教育组织。今天,重申家庭教育的重要性,一方面是为了改变一些家庭中"养有余而育不足",家长的教育角色缺位,家庭教育不到位的状况;另一方面也是推进家庭教育的科学化,使家庭教育与学校教育合作,建构完整的、有序的、和谐的教育生态,推进学生的全面发展。亲子关系是家庭教育的逻辑起点,也是家庭教育顺利展开的关键,亲子关系本质上是一种存在于家长与孩子之间、浸润着丰富情感的互动关系。在家校合作的背景下推进亲子关系的优化,可以聚焦亲子互动,创造互动契机,包括以陪伴创造互动的空间,以理解建立互动的前提,以支持发展互动的质量。

一、陪伴——创造互动的空间

（一）陪伴的内涵

每一个孩子的茁壮成长都离不开家长的悉心陪伴。家长需要关心孩子的体验与感受，与孩子一同经历、一同体验、一同成长。今天，家长的陪伴包括但不限于养育陪伴、学习陪伴、娱乐陪伴和情感陪伴，陪伴是一种爱的方式、成长的方式，也是一种教育的方式。然而，在当代社会，亲子互动却面临陪伴危机，社会节奏的加快和生活压力的增加极大压缩了家长陪伴孩子的时间，甚至出现父亲角色或母亲角色某一方甚至双方陪伴缺位的情况，隔代抚养就是典型的陪伴缺位的表现。而且与陪伴时间压缩相伴而来的，是陪伴空间和陪伴方式的单一化与空洞化，这不可避免地带来陪伴低质化。同时，因为手机等通讯工具的普及，替代性陪伴——让手机"陪"孩子，和虚假性陪伴——边玩手机边"陪"孩子的情况在一些家庭中愈演愈烈，更加剧了陪伴质量的退化。陪伴不足与陪伴的低质使得亲子互动大打折扣，这直接殃及家庭教育的质量。

学校作为家庭教育指导的重要机构，要关注家庭中的陪伴现实，在家校合作中，引导家长重视陪伴、反思陪伴、增加陪伴，同时以家校合作活动为突破口，为家长与孩子创设不一样的陪伴空间，通过亲子活动的设计，增加亲子之间的高质量互动，使孩子感受到父母的尊重与爱。

（二）陪伴的行动

陪伴的发生一定要有家长身与心的在场，而且家长要主动地在场，即家长充分认识陪伴对孩子的成长的价值，并参与学校组织的活动，珍惜高质量陪伴机会，总结陪伴经验，并化知为行，改变家庭陪伴行为，与孩子共同成长。

我们学校曾经由家委会组织举办过一次爸爸沙龙。这次活动的起因是新成立的家委会成员清一色都是能干的妈妈，家委们在例行的活动中讨论"爸爸去哪了"，认为家庭教育中爸爸的角色也很重要，但现在的家庭中爸爸的缺席状态屡见不鲜,需要提醒并鼓励爸爸们参与孩子的成长过程,因此家委会与校方合作策划了一个零门槛的爸爸沙龙。这个沙龙很宽松,可以随时参加。它可以是爸爸们的单独活动,也可以是与教师的互动活动,只要是孩子与爸爸共同参与即可。我曾观摩过一次爸爸与教师的篮球赛,非常热闹,篮球场下呼喊声此起彼伏,最激动的莫过于球场上教师们的学生、爸爸们的孩子。最终爸爸队获胜,一群男孩女孩扑过去,投入满身大汗的爸爸的怀中,一张张小脸满脸都是激动、自豪与骄傲。爸爸们也是满脸激动、自豪和骄傲,这一幕让我久久难以忘怀。除了这种爸爸们与教师的互动,更多还是爸爸与孩子的活动,主题丰富多样,可能是爸爸和孩子共同协作完成一个作品,是爸爸和孩子愉快地出游,也可能仅仅是爸爸和孩子各自阅读自己喜欢的书籍等,而且在家委会的组织之下,活动也渐渐成熟和体系化,妈妈们也慢慢参与进来,从父子互动进化为家庭互动。孩子们叽叽喳喳"爸爸妈妈们陪我,我今天很高兴",让"爸爸"沙龙的设想变得意义非凡。

(三)陪伴的反思

家长耐心的陪伴与引导,是孩子们身心健康成长的重要条件。家长,尤其是父母,任意一方陪伴的缺位与不到位都会影响孩子的情感发展和人格气质发展。而且孩子所处的年龄阶段不同,对家长的陪伴诉求也不同,从共同游戏到共同学习,从建立习惯到解决问题,不一而足。这也意味着随着孩子年龄的增加,其实家长陪伴的门槛也在提高。这要求家长不仅意识到要陪伴,还要拿出时间、创造空间陪伴,更重要的是,了解孩子的陪伴需求,积极展开学习,学会陪伴。此三者缺一不可。

从这个角度而言,在家校合作中展开陪伴活动,其价值不仅仅在于创造家长陪伴孩子的空间,更在于引导家长认识到陪伴的重要性,懂得陪伴孩子;邀请家长全身心投入陪伴活动,展开陪伴行动;更重要的是以活动向家长传递孩子需要什么样的陪伴、家长陪伴孩子要怎么做,家长如何在陪伴中引导和促进孩子的成长,知晓什么是好的陪伴,从而会陪伴。那么,与此对应,陪伴活动就需要经过学校和家委会的精心设计,以对家长的引领实现对孩子成长的促进。

二、理解——建立互动的前提

（一）理解的内涵

作为一个主体性和独特性共存的人，孩子是不断发展与不断成长的，他们生活在独特的世界里，在那里，他们有自我意识、自我情感、秘密感和对事物的看法。家长要想与孩子开展良好的互动，需要打开自己，以开放的心态，进入孩子的世界，了解孩子的所见所为，关注孩子对生活世界的体验与感悟，理解孩子的所思所想，可以说理解是家长与孩子展开友好互动的入场券。然而，理解不同于了解，理解并不是依托直觉、观察而自然发生的，而是渗透着家长的主观努力，甚至伴随着观念转变的意志努力。面向自主意识不断发展的孩子，这一点尤其重要，却也时常被家长忽视，家长常常以"我这是为你好"的姿态先入为主，自以为理解孩子，并试图将自己的主观想法凌驾于孩子的意愿之上，久而久之，孩子会抗拒与父母沟通，很难向父母敞开心扉，长此以往，很容易陷入"不理解—不沟通"的恶性循环。这非但不利于和谐亲子关系的构建，甚至会出现孩子因为逆反心理"为反抗而反抗"，影响自身的健康成长。

对于孩子而言，学校与家庭是不同的世界。家校合作的展开，本质上是对两个世界的连通，在合作之中，家长和教师会就学生的状况展开交流，了解学生经历的事件与面对的问题，主动提供帮助，以实际行动帮助学生感知父母之爱，建立对父母的信任。家校合作就是要提供这种连通和交流的平台、方式与机制，及时对学生、家长进行疏导，从而疏通二者的情感联系。

（二）理解的行动

建立理解首先需要以尊重为起点，无论是家长还是教师都需要把孩子当成一个有着独立意志、独立想法和感受的个体，尊重孩子的个性发展特点。其次要认识到每一个孩子都是独一无二的，懂得接纳孩子。作为父母，在与孩子沟通的过程中，我们可以尝试抛开说教，积极倾听并引导孩子释放自己的情绪。同时，用接纳性的语言帮助孩子正确地表达自己的情绪。孩子的情绪得到理解和接纳，孩子和父母关系则将进一步深入。最后也是至关重要的一点，家长要主动接近孩子，通过语言、行动、肢体语言表达对他们的爱，调整和他们的关系，并在充分观察、理解孩子需求的基础上，承担多一些责任，主动作为。但是从尊重到接纳再到理解，并不是一蹴而就的，对那些正在面临亲子关系困境，难以展开良性亲子互动的家长来说尤其如此。

学校家委会敏锐地捕捉到部分中高年级孩子与家长在互动上存在的问题，与学校心理健康教师积极联系，在学校家庭教育指导公众号上设立了专栏，就不同年龄段孩子的心理特征、如何理解孩子，以及如何与孩子更好地沟通与交流等议题开设小讲堂，还支持家长来信咨询。我们曾在后台收到这样一封来自母亲的自述："在'望子成龙'的心态驱使下，我曾给过孩子很多强制的'爱'。比如周末，我给他安排了一整天的课程，压得他喘不过气来，他稍有退步，我便会大发雷霆，甚至动用家庭暴力，我常常能看到孩子眼中的怨恨与不满。每当孩子厌烦的时候，我又是好言相劝，又是物质奖励，把我以为的'特殊的爱'强加在他身上。直到有一天，我发现，物质已不再有吸引力，而且他开始极力地避开我，无情地拉开了我们的距离。在关注学校的推送之后，我开始认真地反思自己和孩子的关系，我开始意识到，这种状况的延续非但不能帮助孩子更好地学习，反倒会影响我们母子的关系，所以，我在心理教师的指导下开始转变策略，化单向的强制为双向的沟通。与孩子商讨确定休息日的安排，既保证课程学习，查缺补漏，也给孩子自主娱乐和休息的时间。面对孩子的成绩，能平静坦诚地与孩子一起归因，制定进一步的学习计划……慢慢地，孩子跟我在一起时话变多了，在学习上也开始自主地规划，并能够提出自己的诉求和理由，我们母子的关系也更亲近了……"

（三）理解的反思

家长对孩子的理解并非一个孤立事件，其与家长对孩子的尊重与接纳、家长开放和主动的心态等紧密关联。而且相较于陪伴，理解对家长提出了更高的要求，需要家长倾注更多的时间与精力。但理解也是很好的开始，是有效互动的基础。当家长尝试着换位思考,站在孩子的立场上关注孩子的思考、体验,横亘在家长与孩子之间互动的阻隔就被打散了。

对于学校而言,我们要积极引导家长关注孩子的生活体验与心理变化,启示家长对孩子的教育不能建立在个人经验的基础上,要以沟通促进理解,以理解实现更好的互动。除了对家长进行积极的引导与启示,学校也要关注学生的所思所想,因为信息技术的发展使得学生有更多的途径与方式认识外部的世界,接受外部的影响——不管是积极的影响还是消极的影响,因而对学生的认识不能仅仅依靠经验,还需要主动与学生沟通,对学生的表现与存在的问题进行分析和研究。与此同时,教师还需要引导学生主动与家长交流,以便家长理解自己,帮助自己。无论是对家长和学生的引导,还是自主的研究,都对教师提出了更多的专业挑战,因此,我们的教师也要不断学习,提升自身专业素养,以应对更多更复杂的亲子互动问题与发展需求。

三、支持——提高互动的质量

(一)支持的内涵

社会支持是个体所能感知到的来自重要他人对自身的尊重、关爱与帮助。家长支持作为社会支持的一种,指的是孩子能够察觉到的父母能够尊重并理解其观点和想法,能够基于其兴趣爱好鼓励其自主做出选择和决定的行动表现,家长对孩子的支持是孩子能够平稳发展的必不可少的因素。在支持性的亲子关系与亲子互动之中,孩子更容易感知到家长的情感与温暖,更容易表现出稳定的情绪,发展出积极、乐观、向上的心态。尤其伴随着孩子年龄的增长,孩子的自主意识逐渐觉醒,身心发展上的过渡性、内心世界的丰富性,以及现实生活的可选择性,使他们渴望得到他人的肯定与赞赏、情感上的理解与认同、学业上的指导与帮助。如果家长能够持续地给予鼓励与支持,那么无论是亲子互动还是孩子自身的成长都将更为顺畅,而且这必将影响孩子的长足发展。由此可见,家长支持是建立在家长的陪伴、理解之上的,而且还要求家长对孩子有充分的信任与尊重,而这对家长的要求更高。

家长能做到持续的、一贯的支持并非易事。家长对于孩子的支持需要渗透在孩子生活的方方面面,给予孩子以充分的确定感与安全感。这并非学校所能够干预的。学校所能够实现的,不外乎是引导家长认识到这种支持对于学生发展的重大意义,以科学的教育观念帮助家长剖析面对不同的情境与事件,家长如何做出专业的判断,有所为——有所选择地支持,鼓励孩子探索关于世界、关于他人、关于自我的多种可能性,有所不为——避免无条件的溺爱与放纵。

(二)支持的行动

家长支持或许在最初的时候是需要家长做出主观努力,转变观念,收起说教姿态,但是家长支持的发展会经历从有意识到无意识的过程,当家长建立起对孩子的充分信任与关怀的时候,支持就变成无意识的、渗透式的了。

我曾经接触过两位家长,他们对于孩子的支持态度,和鼓励孩子探索与创新的举动让我深受启发。学校的一个学生团队曾经参加头脑奥林匹克大赛,在前一个赛季获得全国第一,赛季结束之后,关于是否继续挑战,进军世界赛,我们选择征求创造团队家长的意见,因为当时团队中的大部分学生已经是4年级,第二年就进入5年级,面临更高的学业要求,也面临小升初的压力。不少家长主动选择了放弃。尽管指导教师觉得很遗憾,因为要培养一名合格的赛手,花费的是几年的心血,但还是尊重家长的选择。因为这项活动基本都是利用课外的时间,需要学生花费很多的精力,更需要家长全力配合,一起陪同出谋划策、一起陪同做道具、一起陪同参加一次次比赛。家长不支持,学生几乎就不可能坚持参加这个活动。但让人惊喜的是,指导教师说主力张同学和沈同学并没有放弃,他们的家长还是很支持,于是我特意找来两位同学的家长交流。

"孩子回来提出要继续参加,我没有问为什么,因为我想为什么不参加呢!"张同学的妈妈非常开朗,笑着说。

"儿子回家说——头脑奥林匹克的精神就是创新、迎接挑战,我的目标不是全国第一,也不是世界第一,我的目标是做出自己能够满意的作品。这一次,我觉得自己还不够满意,我还想继续。——我们觉得他挺有想法的,说得也挺有道理,所以为什么不支持他呢?他没有放弃,我们就没有权利让他放弃啊。"沈同学的妈妈也是一脸的阳光。

在和两位妈妈的交谈中,我发现她们的一个常用句式是和其他家长相反的。很多家长都会不停地问孩子——为什么?为什么你要这样?为什么你要那样?而这两位妈妈都会经常说——为什么不?妈妈不但没有被孩子的大胆想法吓到,更是做了普通妈妈做不到的一点——不反对,她们不认为自己的想法是最正确的,而孩子是幼稚的不成熟的。而且这两位妈妈说,她们不太爱帮忙——既然是你自己想要做的事情,就得靠你自己去实现,你负责制定计划和实施方案。同时,你也要为你的行为以及可能产生的一切后果负责。

(三) 支持的反思

上述两位同学家长的反应带给我震撼的同时,也带给了我极大的启发。一方面,家长的支持一定是建立在家长不以自己的看法主导孩子的选择的基础之上,即并不先入为主,干扰孩子的判断,而是主动倾听孩子的想法。基于孩子的想法与理由确认支持与否。另一方面,家长的支持与其说是付出,不如说是放手,因为家长在支持之后,迎来的更多的是孩子的自主权。在父母支持之下,孩子被赋予的选择与决策的自主权终将发展成为孩子行动的自主权,这是任何耳提面命、苦口婆心都不能实现的,当孩子的自主性被激发,孩子的成长也就水到渠成。

那么对于学校而言,尽管不能干预家长支持与否,但是可以深入研究家长的支持品质,即好的支持具有什么样的特征,支持的价值如何,家长如何有所支持、有所不支持,据此提炼有益的经验与做法,并在家校合作过程中,将其有意识地传递给家长,引导家长发展对孩子的支持。同时,也引导孩子主动寻求家长的支持,使孩子获得家长的信任,让家长放心。

家校合作是个老话题,却面对着源源不断的新挑战。可以说,家校合作既是可为的,又是难为的。我们力图让家校合作有所为,有所成。学校从主动倾听,到建立连接,再走向协商,家庭在合作中逐渐从被动走向主动,参与学校工作,并实现了自身教育观念的转变;而在亲子互动中,家庭化被动为主动,从陪伴,到理解,再走向支持,在持续的家校合作中,也实现了对教育从认知到行为的跃迁。可以说,只要家校同心、同向、同力、同行,就一定能够开展友好合作,共同促进学生走向光明的未来!

每位家长都是老师,衣食住行,嘘寒问暖:生活之课中有——价值导向;每位老师都是家长,日日陪伴,天天呵护,知识之餐中有——赋能育才;合作是持续力,一加一大于二,深学笃行,高洁之志中有——孩子的明天;共赢是原动力,你加我变我们,栽桃培李,栋梁之材中有——国之未来。

后　记

从日常的每一次记录，到系统的梳理思考，这里有无数个寂静夜晚的片段沉思，也有充分利用双休日的整段思考，每一次的推进很慢，但不论多么慢，都一直在前进……当我完成书稿正文中最后一行字的时候，又是一个深夜，回想起一幕幕场景，此刻我感受到记录的快乐、思考的快乐、成文的快乐。内心的宁静与充盈，让我再一次感受到，人生走过的每一步路都算数，我们只要努力向前走，终将会抵达心中的远方！

"让改变发生"不仅是我的座右铭，更是我多年来践行学校管理的要义。这是一次谈话的记录，或是一次交锋后的反思；这是一封来信的处理，或是一场交流中的碰撞；这是一次全教会的互动，或是一次大活动的设计。"改"，是为了更好；"变"，是为了更强。我想实现的愿景就是让一群人充满向上的力量，用一系列事来改变学校的面貌，在成事中成人，在成人中圆梦。本书中呈现的一次次改变，或很微小，或很平常，但这恰是我们对教育的一日日坚守。守住我们的初心，即为孩子们一天天的幸福健康成长奠定坚实基础！课程的改变，就是在铺设一段路，让学生奔向梦想的远方；课堂的改变，就是在架设一座桥，让学生跨越疑难的阻挡；活动的改变，就是在攀登一座山，让学生看到更美的风光。

本书有四个篇章，每一个篇章都是一棵树，摇动着另一棵树——向阳而生；

本书有十三个节，每一个节也都是一朵云，推动着另一朵云——助力奔腾；

本书三十八个点，每一个点都是一个灵魂，唤醒另一个灵魂——抱团情深；

本书有若干个故事，每个故事都是一种成长，孕育另一种成长——励志竟成。

在成文的过程中，我从内心深处深切地感受到：有些"改变"是引以自豪的，因为它开出了美丽的花朵；有些"改变"是五味杂陈的，因为它只结出少量的果实；而有一些"改变"是心存遗憾的，因为它还缺少稳固的枝干和扎实的根。但我坚信：岁有四季，每一种都有独特的风景；花有百色，每一种都是生命的勃发；果有千态，每一种都是成功的体现；怀揣"改变"的初心，定会迎来果实累累花满天。

很多人喜爱歌曲《孤勇者》——"去吗？配吗？这褴褛的披风。战吗？战啊！以最卑微的梦。致那黑夜中的呜咽与怒吼，谁说站在光里的才算英雄？"这是给每一位"勇者"的赞歌。而"让改变发生"，何尝不是校园中全体"勇者"在教育场域的一种奋斗！

天下大事，"易"是有限的，"难"是必然的，唯有"让改变发生"！学校教育管理的改变，是教育理念更新的外化，是教育教学改革的延长线，更是学校发展的和谐交响曲。

改变，就是一种向上的力量！让我们在教育的旅途中，一直拥有这种力量！持续让改变发生！

邬晓玲

2024 年 1 月